気を抜くと誰もが貧乏になる時代のお金の基礎力

ファイナンシャルプランナー
岡崎充輝

三才ブックス

今の時代だからこそ必要な「お金の基礎力」

本書に書かれている内容で、きっと皆さんが知らない情報なんてひとつもありません。今の時代、インターネットが生活の一部になり、どんなものでも簡単に「検索」することができます。また、書店の棚には、誰もが理解できるようにわかりやすく書かれた図解本が、絶えず最新なものに並び変わっていきます。

探そうと思って探せない「お金」に関する情報はほとんどありません。

お金の専門家、ファイナンシャルプランナーである私がいうのですから確実です。

しかし、考えてみてください。どんな情報でも簡単に手に入れることができる時代になったというのに、お金で理解できないことは減ったでしょうか？

実は、不思議なことにお金について理解できないことは増えるばかりです。

情報はたくさん手に入るのに、わからないことが増えていく――これが今の時代に一番大きな問題なのです。

「情報がありすぎて、どの情報が正しいのかわからない」

このような相談をされることがよくあります。ときには、「あなたと全く正反対なことが書いてあるサイトがあるんだけど」と非難されることもあります。

しかし、そのサイトを確認してみると、どう読んでも正反対だと解釈することができません。きっと、そのサイトに出てくるキーワードのひとつを取り上げて、その人は正反対だと思ったのでしょう。

繰り返すようですが、情報化社会が訪れ、それまでは専門家しか知らなかった情報が簡単に手に入るようになりました。しかし、この過剰な情報の氾濫は、情報を取り込む側に正しい情報を取り入れる能力を要求するという結果になってしまいました。

つまり、膨大な情報の中から自分に適したものを自分で適格に取捨選択しないといけない時代になってしまったのです。

とくにお金の情報は時勢に合わせて刻々と変化していきます。たとえば、本書の原稿を執筆してから出版されるまでにどうしても数カ月のタイムラグが発生します。仮にタイムラグが発生しなかったとしても、出版されて数カ月も経てば、本書で事例として取り上げたデータは、新しい数字へと書き換えられてしまうでしょう。

それでは、日々どんどん更新されるお金の情報の中から、いったいどうやって情報を取捨選択していけばいいのでしょうか？　どうすれば、選択できる力を身に付けることができるのでしょうか？

その唯一にして、最も近道の方法が、実は「基礎力」を身に付けることではないかと思っています。

〝基礎〟という言葉からイメージするとおり、これは地味な作業です。残念ながら、「誰でも○○円儲かる！」とか「誰でも○○円節約できる！」というノウハウでもありません。

本書はそんな基礎的な話の集まりです。決して派手な内容ではありません。かなり地味です。しかしながら、この地味な内容こそが、情報が氾濫しているこの時代に役に立つという確信もあります。そんな地味な本書ではありますが、ぜひ最後までお付き合いください。決して損はさせません。

目次

気を抜くと誰もが貧乏になる時代の「お金」の基礎力

第1章

気を抜くと貧乏になる時代!?

第2章

増税時代の家計のやり繰り

第3章

勘違いだらけの生命保険

第4章

家は買うべき？買うならいつ？

第5章

失敗しない自動車購入

第6章

資産運用はしたほうがいい？

制作協力　オフィス三銃士
装幀　二ノ宮匡（ｎｉｘｉｎｃ）
本文ＤＴＰ／図版　渡邊規美雄

第1章

気を抜くと貧乏になる時代!?

お金が貯まらないのは時代のせい？

「日本で生活しているだけで貧乏になっている」

こんな話をしても、ほとんどの人は信じることができないでしょう。ひと昔前までは、日本人であれば、かなりの確率でそれなりに裕福な生活を送ることが約束されていたからです。

今も本当にそうなのでしょうか？

日本円がドルに対して「安く」なっているのはご存知だと思います。一般的に「円安」といわれている現象です。

「円安」だろうが「円高」だろうが、日本国内で生活するかぎり大きな変化を感じることはあまりないでしょう。海外旅行に行ったときに少し感じるぐらいかもしれません。

しかし、冷静に考えるとこれは大変なことです。

２０１６年８月の時点で、１ドルは１００円前後。２０１４年から２０１５年にかけては１２０円まで円安が進行しました。２０１２年まで１ドルは80円以下だったので、その差は40円。**この３年ほどの期間で、円は３分の２の価値に下落しました。**

もちろんドルに対してですから、世界の全ての国に対して３分の２の価値になったわけでは

図1　アメリカドル／日本円の為替レート

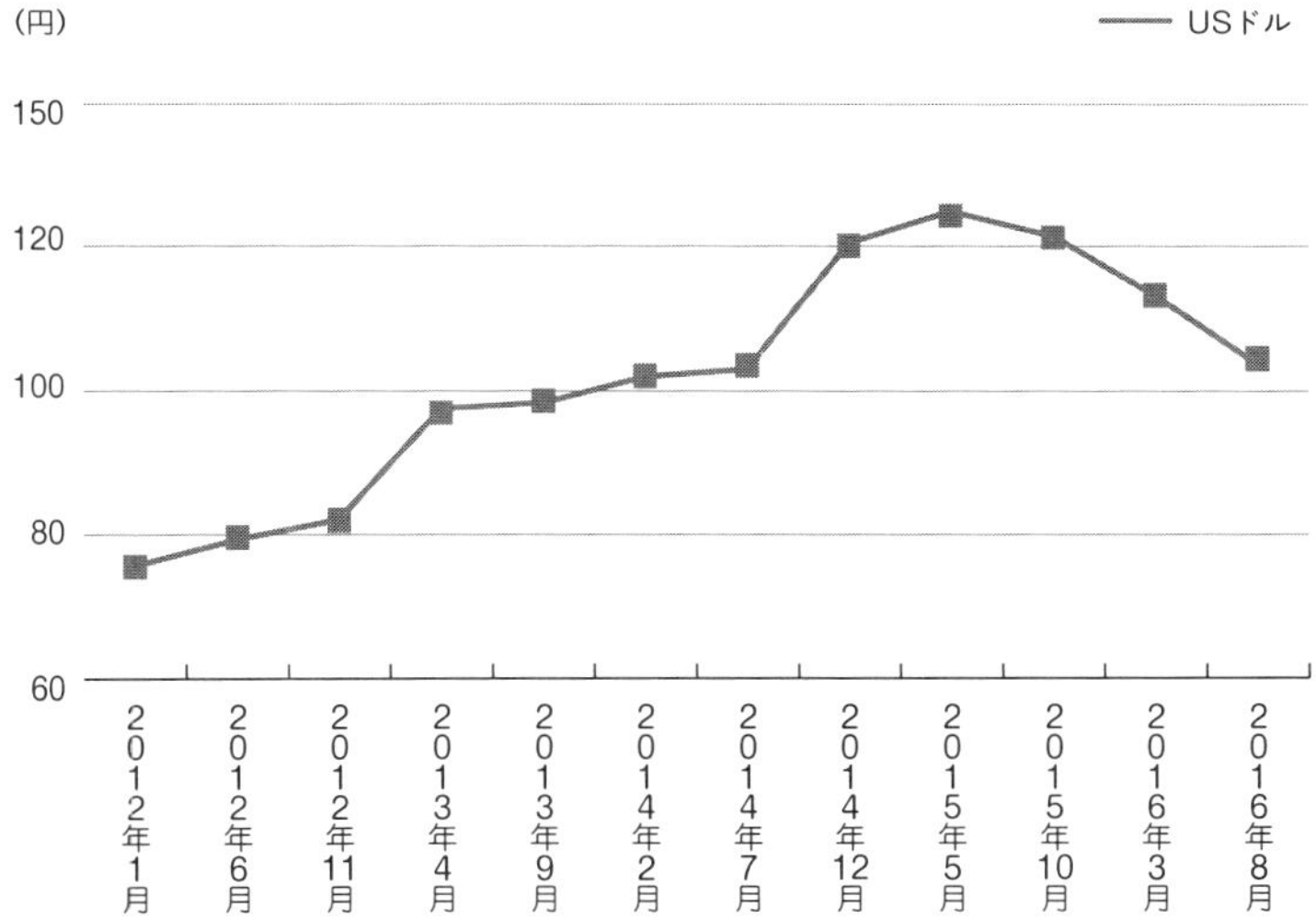

ありません。しかし、中国のようにドル相場と為替が連動している国も数多くあります（ドルペッグ制）。つまり、この期間は中国の人民元に対しての価値も3分の2に下落したことになります。中国人がこぞって日本へ「爆買い」に来るのは当然ですね。

もちろん、為替というのは相対的なものですし、日本国内にいるだけではあまり影響を感じられないのは当然です。でも、本書を読んでいる間だけで結構ですから、少し視点を変えて想像してみてください。

たとえば、中国人留学生のA君と日本人のB君がいるとします。ふたりは日本の大学で知り合い、友人になりました。

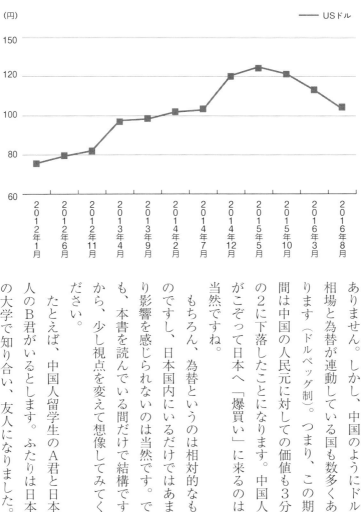

図2 中国人民元／日本円の為替レート

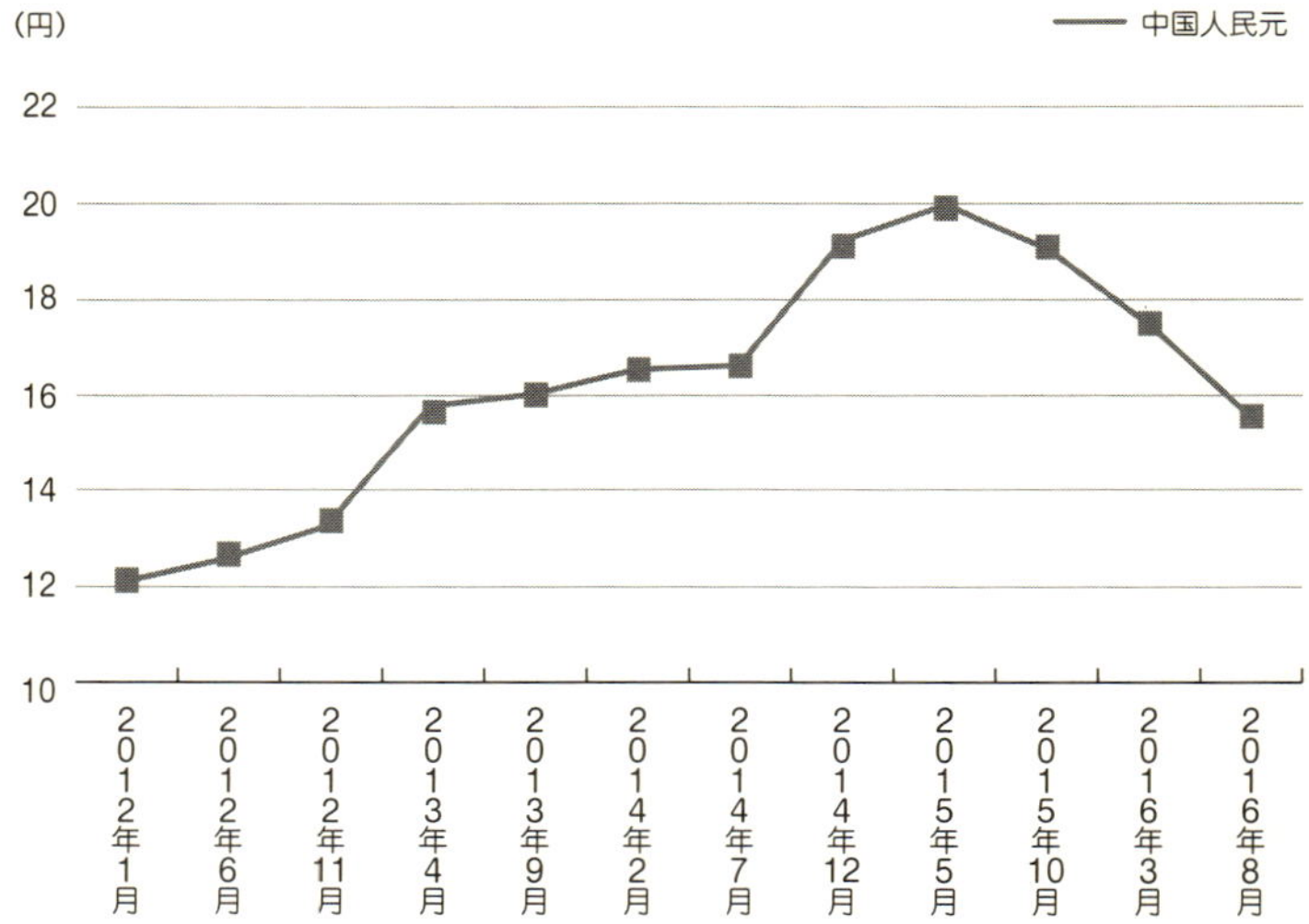

大学卒業後、A君は帰国し、ふたりはそれぞれ自分の国で就職します。お互いの会社の規模や職種は似たようなもの。初任給も全く同じで、日本円で18万円、中国人民元で1万5000元（1元＝12円）だったとします。

3年経って、ふたりとも給料が1割上がりました。

B君の給料は19万8000円。A君の給料は1万6500元。しかし、中国人民元の相場は1元＝19円まで円安になっていました。このレートで日本円に直すと、31万3500円。A君の給料はB君の給料の約1・6倍です。

逆に、19万8000円は、1元＝19円で換算すれば1万421元となります。

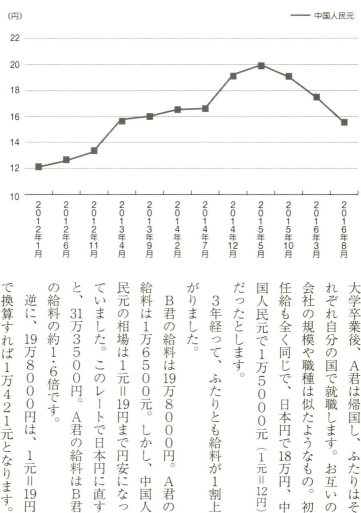

中国人のA君からすると、日本人のB君の給料はこの3年間で10%増えたどころか、1万5000元から1万421元に3分の2も減額されたことになります。

つまり、この3年間、日本で働いているだけで、中国で働くよりも給料が減り続けていることになります。

極端な例だと思わないでください。

少なくともこの数年で、世界から見て皆さんの給料の価値が3分の2程度になったのは事実です。もちろん「円安をどうにかしろ」だとか、「円安に負けない資産運用を」だとかという話をしたいわけではありません。

まず確認したいのは、日本国内で生活して働いているかぎり、日本の経済状況が変わってしまうと「努力すれば何とかなる」というのが通用しないという点です。

日本が好景気のときは、何も考えなくても問題ありませんでした。上りのエスカレーターに乗っているようなものですから、その場に立っているだけで上に行けます。しかし、もしエスカレーターが下りに動き出しているとしたらどうでしょう。そのまま突っ立っていたら下っていくばかりです。

ですから、自分の生活環境の将来的な変化を考慮しておかなければ、怠けているわけでもないのに貧乏になってしまうこともあるのです。

それでは、日本の経済状況は下りのエスカレーターになってしまったのでしょうか？

10年で変わったこと・変わっていないこと

この10年で日本の景気がどう変わったのかを見ていきましょう。

まずは、サラリーマンの平均年収を取り上げてみます。図3を見てください。１９９７年を頂点として、平均年収は見事に下がり続けています。２００９年に急激に落ち込むのは、リーマンショックが原因です。

また、ここ数年回復しているような気になっていますが、実際は最高だった１９９７年の４６７万円から比べると、50万円程度も低下しているのがわかります。

でも、皆さんのなかには、「アベノミクスで賃金は上昇しているのではないか。ここ数年の春闘だっていい結果じゃないか」と思っている人も多いことでしょう。

そうですね。たしかにここ数年、少しずつですが、平均年収は上がってきています。このまま上がり続けてくれれば、リーマンショック以前の平均年収にまで回復するかもしれません。

図3 サラリーマンの平均年収の推移

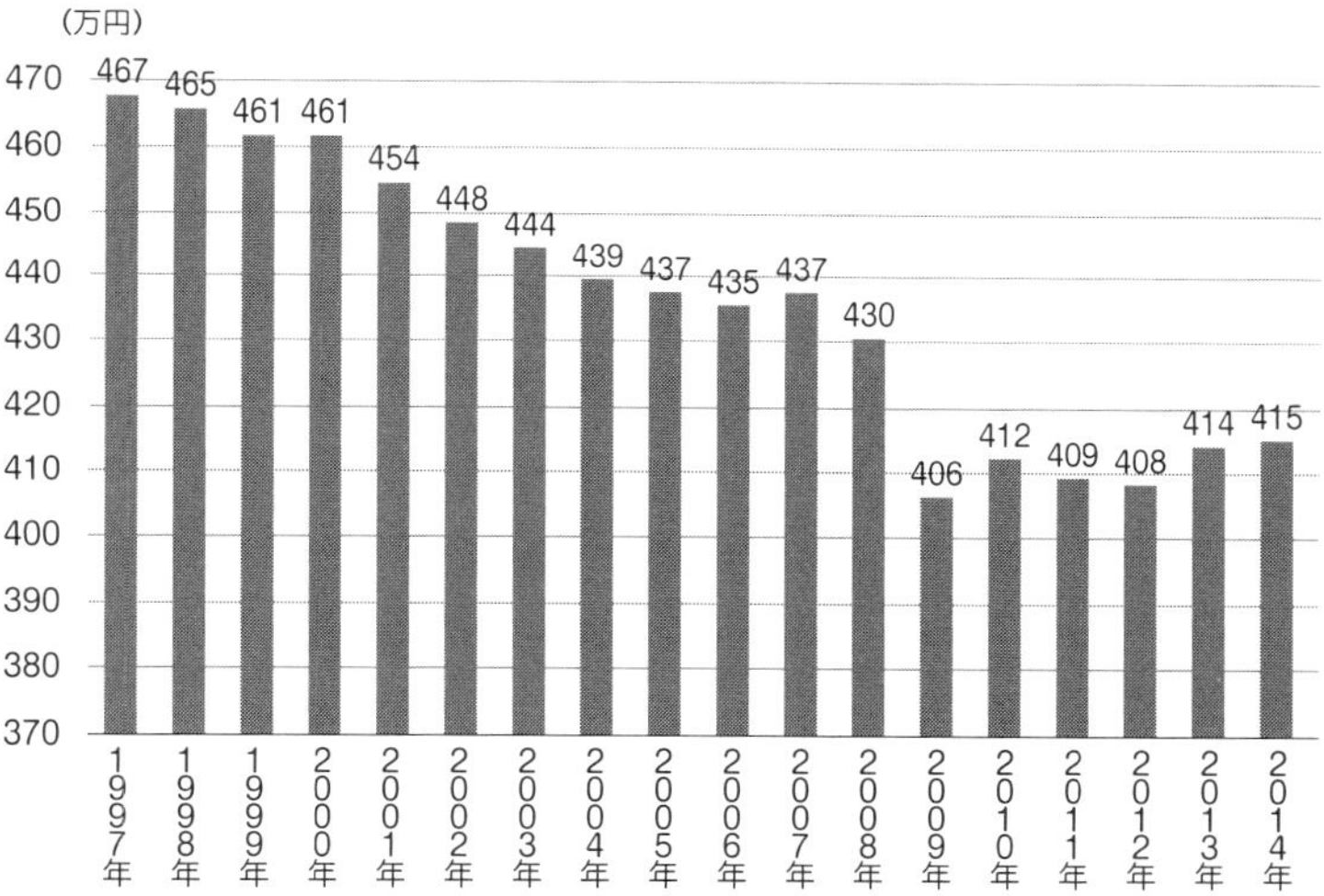

※国税庁「民間給与実態統計調査結果」（2014年）を基に作成

しかし、ここにも大きな落とし穴が存在します。それは、物価が上がっているという現象です。

詳しく見ていきましょう。図4の表は、1980年以降の日本の「インフレ率」を示したものです。インフレ率というのは、前年の消費者物価指数に対する対比を指します。「－」が付いていれば前年よりも物価が下がったことを意味し、そうでなければ前年よりも物価が上がったことになります。

この数字を使って図5を作成してみました。少し複雑なので、計算が苦手な人はザッと目を通すだけでかまいません。この表は、インフレ率を考慮したとき、「いったいいくらの年収があれば、前年

図4 日本のインフレ率の推移

年度	年平均値
1980年	7.81%
1981年	4.92%
1982年	2.72%
1983年	1.87%
1984年	2.29%
1985年	2.03%
1986年	0.60%
1987年	0.14%
1988年	0.67%
1989年	2.28%
1990年	3.04%
1991年	3.30%
1992年	1.71%
1993年	1.26%
1994年	0.69%
1995年	-0.13%
1996年	0.13%
1997年	1.76%

年度	年平均値
1998年	0.67%
1999年	-0.33%
2000年	-0.66%
2001年	-0.80%
2002年	-0.90%
2003年	-0.25%
2004年	-0.01%
2005年	-0.27%
2006年	0.24%
2007年	0.06%
2008年	1.38%
2009年	-1.34%
2010年	-0.72%
2011年	-0.29%
2012年	-0.04%
2013年	0.36%
2014年	2.75%
2015年	0.79%

※IMF「(World Economic Outlook Databases」(2016年4月)を基に作成

並みの買い物ができるのだろうか？」ということを簡易的に計算してみたものです。あくまでも簡易的なものなので、多少の誤差についてはご容赦ください。

たとえば、２００２年をご覧ください。この年の平均年収は４４８万円です。前年よりも６万円も減ってしまいました。かなりの下落幅ですよね。

しかし、平均年収と同時に物価も０・９％下落しました。実はこの物価の下落率を考慮すると、平均年収が４５０万円あれば、前年と同じだけ買い物ができる計算になります。つまり、実質は２万円しか平均年収が減っていない計算になるのです。

同様に、リーマンショックの時期を見

図5 インフレ率に基づく対前年並みの平均年収

年度	インフレ率	当年平均年収	インフレ率を考慮した平均年収
1998 年	0.67%	465 万円	470 万円
1999 年	-0.33%	461 万円	463 万円
2000 年	-0.66%	461 万円	458 万円
2001 年	-0.8%	454 万円	457 万円
2002 年	-0.9%	448 万円	450 万円
2003 年	-0.25%	444 万円	447 万円
2004 年	-0.01%	439 万円	444 万円
2005 年	-0.27%	437 万円	438 万円
2006 年	0.24%	435 万円	438 万円
2007 年	0.06%	437 万円	435 万円
2008 年	1.38%	430 万円	443 万円
2009 年	-1.34%	406 万円	424 万円
2010 年	-0.72%	412 万円	403 万円
2011 年	-0.29%	409 万円	411 万円
2012 年	-0.04%	408 万円	409 万円
2013 年	0.36%	414 万円	409 万円
2014 年	2.75%	415 万円	425 万円

※IMF「(World Economic Outlook Databases」(2016年4月)と国税庁「民間給与実態統計調査結果」(2014年)を基に独自計算

てみましょう。
　２００９年の平均年収は４０６万円です。前年が４３０万円ですから、24万円も減ったことになります。また、物価も一気に１・34％下落しています。これを考慮しても18万円の年収減です。リーマンショックの大きさを物語っています。

　さあ、ここからが本書のメインテーマです。よく見てください。２０１４年の平均年収は、前年の４１４万円から４１５万円に上昇しています。しかし、この年の物価は、２・75％と大幅に上昇しています。**この物価上昇率を考慮すると、実は４２５万円の年収があって初めて、前年と同じ買い物ができることにな**

ります。

ところが、実際の平均年収は415万円。**つまり10万円分も生活は苦しくなっていることになるのです。**リーマンショックほどとはいいませんが、かなりのマイナスです。

2014年に何があったのかは、もちろん皆さんご存知ですよね。消費税率が5%から8%に引き上げられたのです。

この3%増税と円安があいまって、物価を2・75%も押し上げたことになります（消費税率8%の導入は2014年4月1日からなので、実質9カ月間）。

つまり、年収が多少上向いたところで、実際に買い物ができる金額は少なくならざるを得ないのです。**消費税を5%から8%に引き上げるというのは、これほどインパクトの大きい出来事でした。**

しかも、消費税率10%への引き上げがすでに決まっています。これまでに二度、延期されましたが、今のところ2019年10月に引き上げ予定です。次は2%の増税と、引き上げ率は前回よりも1%少ないものの、同じくらいのインパクトで家計に負担が襲いかかることは容易に想像できるでしょう。

その対策は、おいおいお話しするとして、もう少しだけこの10年で何が変わったのかという話にお付き合いください。

社会保険料と消費税による大増税時代

「増税」というフレーズを聞くと、どうしても「消費税」という言葉が頭に思い浮かんでしまいますよね。5％から8％、そして8％から10％という引き上げですから、どうしてもそのインパクトの大きさに引っ張られてしまいます。

しかし、実は消費税が引き上げられるずっと以前から、増税は行われているのです。「どういうこと？」と思われるかもしれませんね。増税は２００４年10月からはじまっています。

その正体は、そう「年金」や「健康保険」、つまり社会保険料なのです。

たとえば、厚生年金保険料率は、２００３年から２０１５年の間に、なんと４・２４８％も上昇しています。２０１７年には18・３％まで引き上げられるので、最終的には４・72％上昇することになります（図６参照）。これは決定事項ですから確実に上がります。

もちろん、それだけではありません。同じ期間で見ると、健康保険料率が１・80％、介護保険料率が０・69％と、併せて２・49％も上昇しています（図８参照）。つまり、厚生年金、健康保険、介護保険といった社会保険料だけで、６・７３８％（４・２４８％＋２・49％）も上昇して

図6 **厚生年金の保険料率**

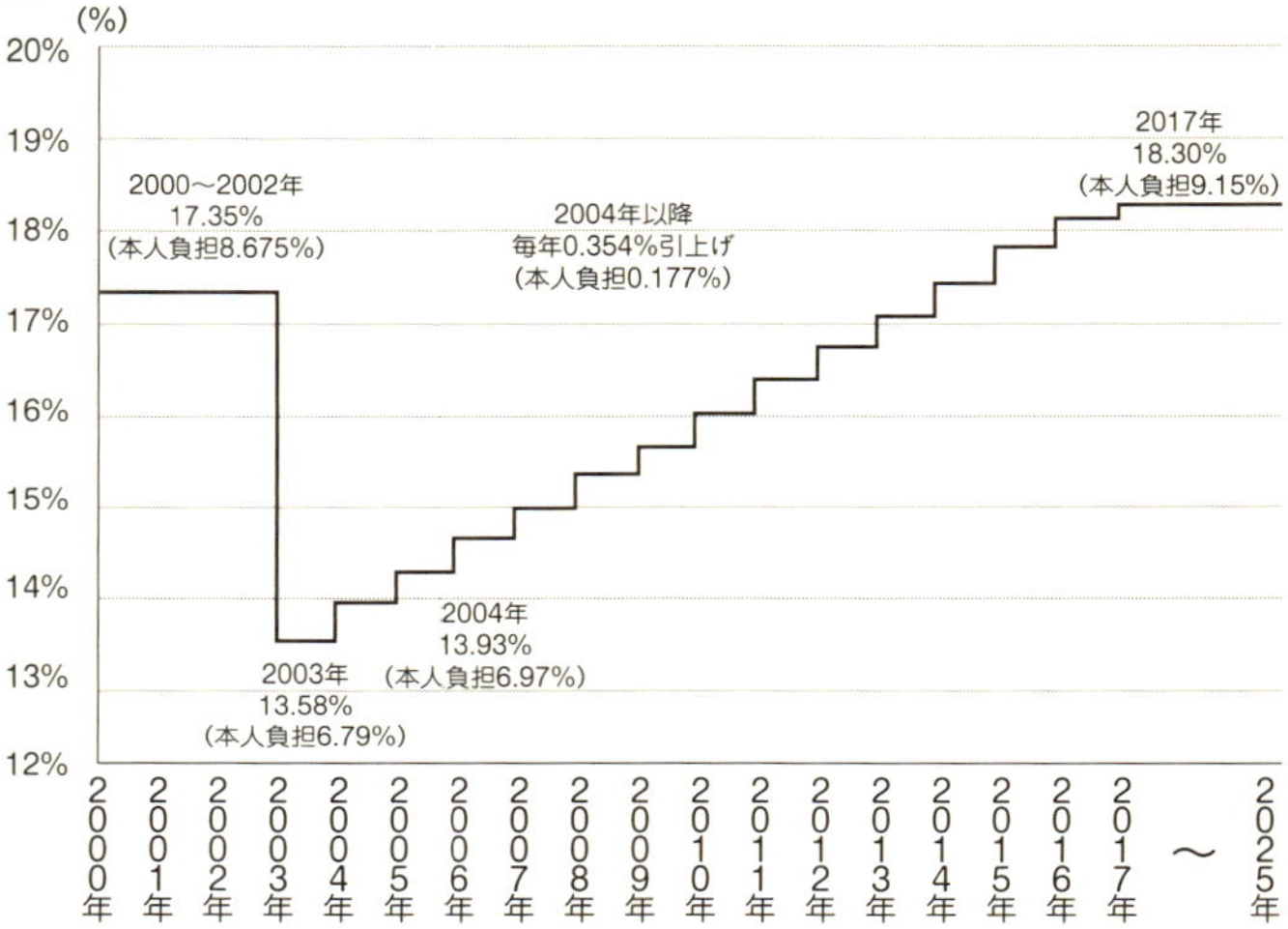

※日本年金機構「厚生年金保険料額表」の各年の公表データを基に作成

いることになります。

社会保険料も広い意味では税金です。この社会保険という税金が、この十数年で6・738%も増えているのです。

もちろん、こう書くと「個人の負担はその半額なのでは？」と思う人もいるでしょう。

サラリーマンであれば、社会保険料の半分は会社の負担となります。ただ、その半分を負担している会社の経営者の立場に立つと、会社の負担分が増加すれば、当然その分経営が苦しくなるので、従業員の賃金で調整しようという意識が働くでしょう。つまり、実質的には半額以上の保険料負担が給料を支給される側に課せられるといえます。

図7　国民年金の保険料額

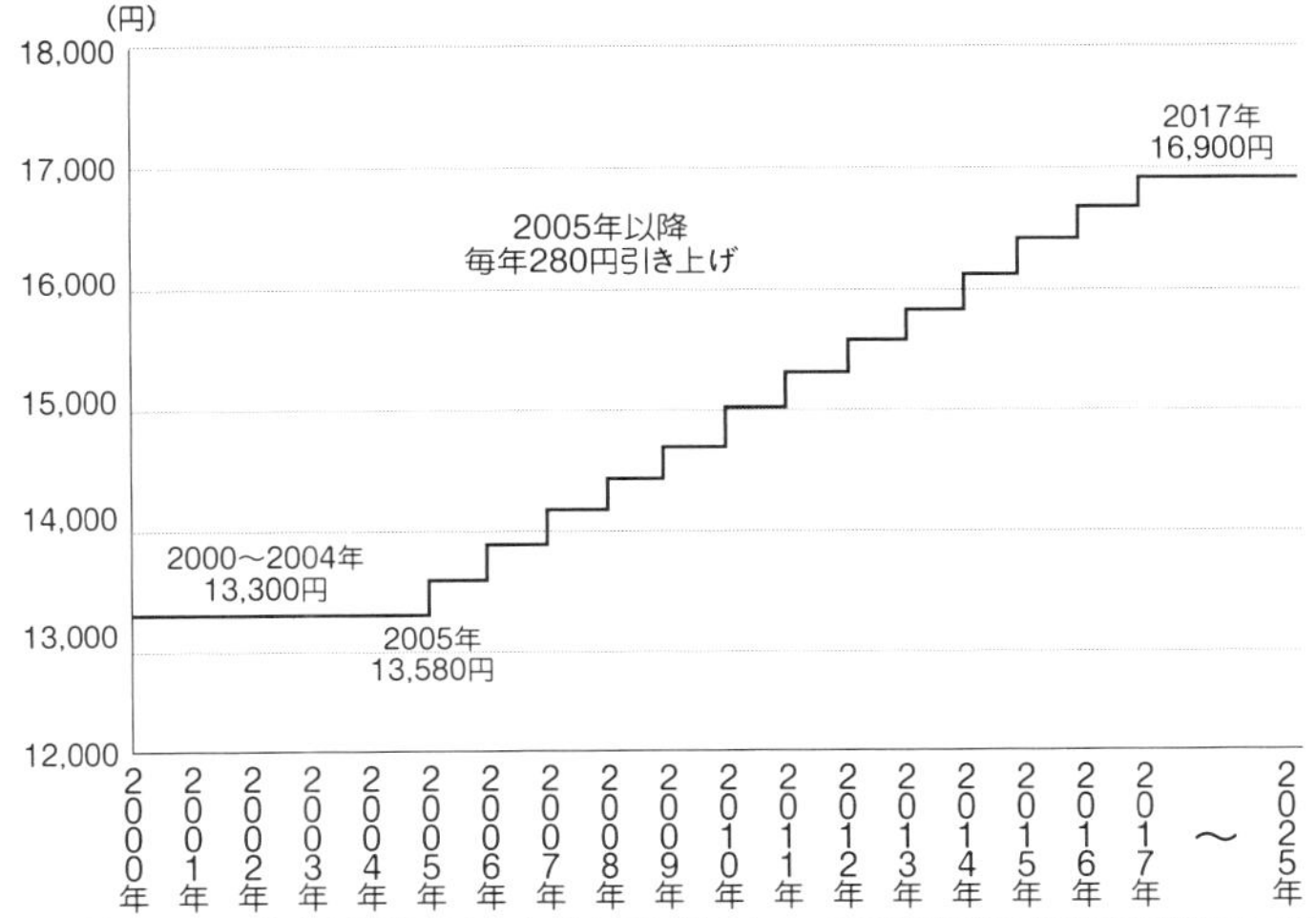

※保険料は、2004年度価格(2003年までは名目額)である。2005年以降の実際の保険料は、上記で定まった額に2004年以降の物価・賃金の伸びを乗じた額
※国民年金機構「国民年金料の変遷」と「物価変動率等で計算された実際の保険料額」を基に作成

ただ、ここでその議論に紙幅を割いても仕方がありません。そこで、6・738%のうちサラリーマンの自己負担分である3・369%で考えていきましょう。

2014年3月まで5%だった消費税が、5年半後の2019年10月の予定で10%に引き上げられるのに対して、十数年で約3・4%しか上がらない社会保険のインパクトはそれほど大きくないような気がします。

しかし、この考え方は全く間違っています。消費税はその名前のとおり、物やサービスの購入時に発生する税金です。言い方を変えれば、物やサービスを購入しないと税金を支払う必要はありません。

図8 健康保険と介護保険の料率の推移

<table>
<tr><th>年度</th><th>健康保険料率</th><th>介護保険料率</th></tr>
<tr><td>2003年</td><td rowspan="7">8.20%</td><td>0.89%</td></tr>
<tr><td>2004年</td><td>1.11%</td></tr>
<tr><td>2005年</td><td>1.25%</td></tr>
<tr><td>2006年</td><td rowspan="2">1.23%</td></tr>
<tr><td>2007年</td></tr>
<tr><td>2008年</td><td>1.13%</td></tr>
<tr><td>2009年</td><td>1.19%</td></tr>
<tr><td>2010年</td><td>9.34%</td><td>1.50%</td></tr>
<tr><td>2011年</td><td>9.50%</td><td>1.51%</td></tr>
<tr><td>2012年</td><td rowspan="5">10.00%</td><td rowspan="2">1.55%</td></tr>
<tr><td>2013年</td></tr>
<tr><td>2014年</td><td>1.72%</td></tr>
<tr><td>2015年</td><td rowspan="2">1.58%</td></tr>
<tr><td>2016年</td></tr>
</table>

※保険料率の変更の開始月は、変更後の保険料率に基づく徴収の開始月を記載
※2009年9月より都道府県単位保険料率へ変更となったため、平均保険料率を掲載
※全国健康保険協会「保険料率の変遷」を基に作成

給料はその全てを使うわけではありませんよね。会社から支給される金額（額面給与）から、各種税金や各種保険料を差し引いたのが、手取り給与です。

この手取り給与の中から消費に回される金額の割合は、おおよそ75％。手取り給与は額面給与の80％程度なので、実際は給料の60％程度が消費に回されるわけです。

平均年収が414万円（2013年）ならば、そのうち約250万円が消費に回っている計算です。つまり、消費税が5％増税されると、年間で12万5000円負担が増えることになります。

しかし、社会保険はどうでしょうか？

社会保険は、当然支払われる給料の全

額（額面給与）にかかります。年収414万円であれば、十数年前と比べると、約14万円（上昇率の自己負担分3・369％）余分に天引きされていることになるのです。十数年という年月をかけて、じわじわと私たちの手取り給与は少なくなっています。

いかがですか？　給料は上がっているんだけど、手取りが増えていない――そんなふうに感じた経験は誰でもあるでしょう。これはこのようなことが原因だったのです。

つまり、消費税の増税だけではなく、この社会保険料の増税が私たちの家計に大きな影響を及ぼしているのです。**平均年収が少なくなっている以上に、手取り給与の平均額もこの十数年下がり続けているということですね。**

しかも初回保険料の増税は2017年までは確実に続きます。一応そこまでの予定ですが、現在の日本の状況を見るかぎりそれで終わるとは思えません。**まさに大増税時代への突入です。**

「下流老人」が増えている理由

円安、物価の上昇、消費税の増税、社会保険料の増加――ここまで、これらの事柄を取り上げてみました。これだけでも、日本で暮らすということがこの10年で随分大変になってきたと理解してもらえたのではないでしょうか。

その気持ちをさらにダメ押しすることになるかもしれませんが、とても重要なテーマなので「老後」について少しお話をさせてもらいます。「老人」や「老後」というキーワードを見かけると、現役で働いている世代はスルーしてしまいがちですが、今だけでも立ち止まって考えてください。

最近、「下流老人」という造語をよく耳にするようになりました。これに似た言葉で「老後破産」や「老後難民」なども、テレビや雑誌、インターネット上を飛び交っています。

なぜ最近になって「下流老人」「老後破産」などという言葉が出てきたのでしょうか？ 不思議に感じませんか？ 何を隠そう、この構造には現役で働いている世代も今から知っておかなくてはいけない重要なポイントが隠されているのです。

「老後」というのは、第二次世界大戦後にできた言葉です。図9を見てください。日本人の平均寿命は、1947年では50歳前後。それ以前を確認しても50歳以下です。

実は、1945年の終戦を迎えるまで、日本人の平均寿命は50歳前後でずっと推移してきました。平均寿命というのは、戦後になって爆発的に上昇するのです。戦後50年程度で30歳も平

図9 日本人の平均寿命の推移

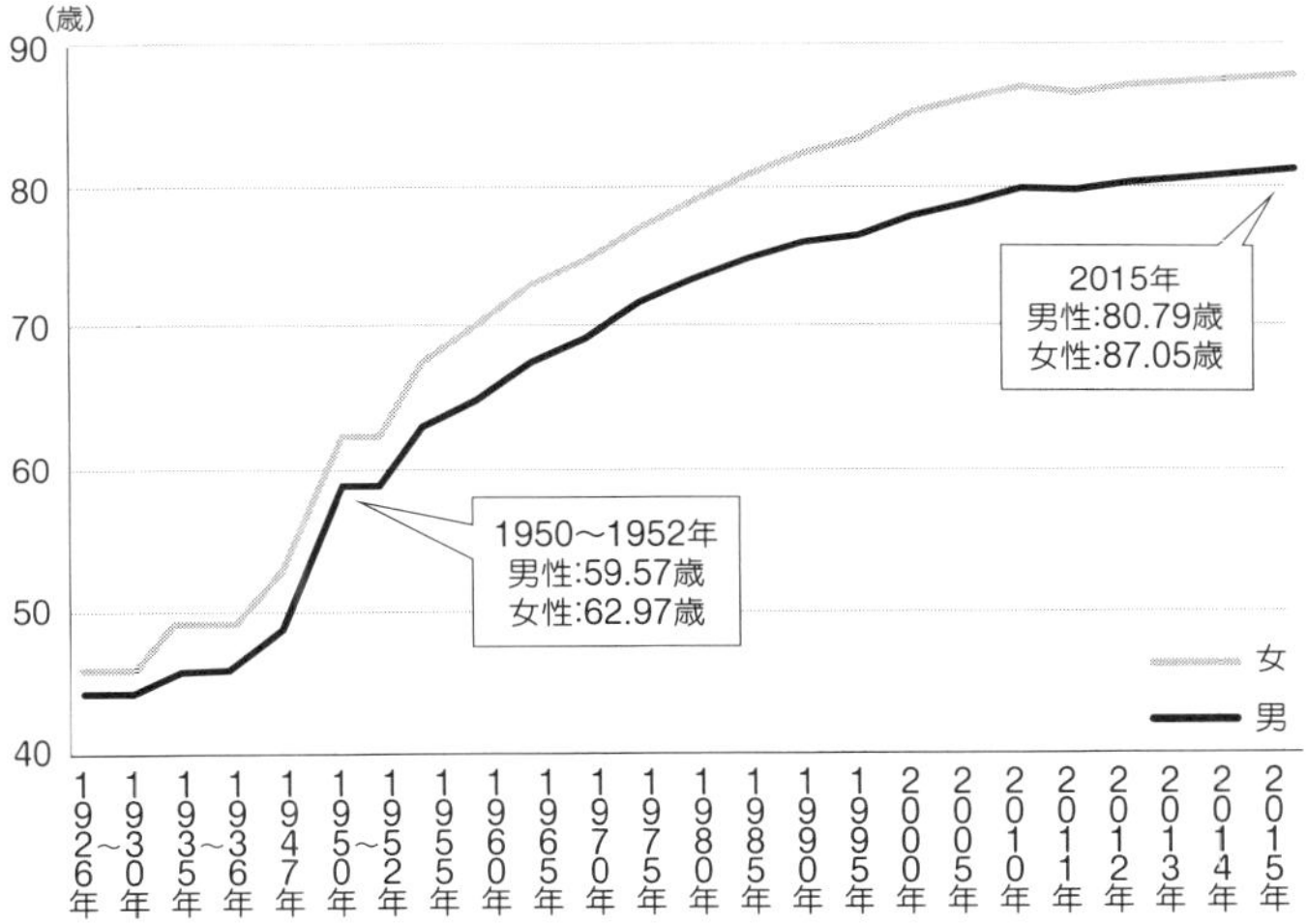

※2000年以前、2005年、2010年は完全生命表による
※1970年以前は、沖縄県を除く値
※厚生労働省「平成27年簡易生命表」と「第20回生命表（完全生命表）」を基に作成

均寿命が伸びているのが驚きですよね。

このことから考えると、終戦前後に生まれた人たちは、物心が付いた頃には自分たちの祖父母が亡くなっている計算になります。当時は子育てが終わると、その後の人生はそれほど長いものではなかったのです。

しかし、現在はどうでしょうか？　もうひとつデータをご覧ください。図10は、「平均余命」の推移を示した表です。

平均寿命が0歳の子どもまで含めた寿命を計算しているのに対して、平均余命は、「今この時点から、あと何年生きられるのか？」を計算したものです。

表を見ると、2015年での65歳男性の平均余命は19・46年。つまり、現在65

図10 主な年齢の平均余命

（単位：年）

年齢	男			女		
	2015年	2014年	前年との差	2015年	2014年	前年との差
0歳	80.79	80.5	0.29	87.05	86.83	0.22
5歳	76.02	75.74	0.28	82.27	82.07	0.20
10歳	71.05	70.77	0.28	77.30	77.09	0.21
15歳	66.08	65.81	0.27	72.32	72.12	0.20
20歳	61.17	60.90	0.27	67.37	67.16	0.21
25歳	56.31	56.05	0.26	62.43	62.23	0.20
30歳	51.46	51.21	0.25	57.51	57.32	0.19
35歳	46.62	46.38	0.24	52.61	52.42	0.19
40歳	41.80	41.57	0.23	47.73	47.55	0.18
45歳	37.05	36.82	0.23	42.90	42.72	0.18
50歳	32.39	32.18	0.21	38.13	37.96	0.17
55歳	27.89	27.68	0.21	33.45	33.28	0.17
60歳	23.55	23.36	0.19	28.83	28.68	0.15
65歳	19.46	19.29	0.17	24.31	24.18	0.13
70歳	15.64	15.49	0.15	19.92	19.81	0.11
75歳	12.09	11.94	0.15	15.71	15.60	0.11
80歳	8.89	8.79	0.10	11.79	11.71	0.08
85歳	6.31	6.24	0.07	8.40	8.35	0.05
90歳	4.38	4.35	0.03	5.70	5.66	0.04

※厚生労働省「平成27年簡易生命表」を基に作成

歳の人はこれから先、平均して約20年、85歳ぐらいまで存命という計算です。男性の平均寿命は80・79歳なので、それ以上に長生きすることになります。

65年間生きてきたということは、65年間死亡する確率を乗り越えてきたともいい換えられます。その分、寿命は長くなるわけです。

「定年後の人生は想像しているよりも意外と長い」ということですね。

定年を65歳だとしても、その後20年近くは年金収入しかない期間が続くのです。しかもこのような状況は、長い日本の歴史のなかで、今老後を迎えている人が初体験に近い。つまり、前例がないため、準備不足の事態に陥っているのではないでしょうか。

「下流老人」「老後破産」の要因はそれ以外にもあります。終身雇用の崩壊やバブルの崩壊で、社会人になった当初に思い描いていた給料や退職金を受け取ることができなかった――こんなこともあるかもしれません。

極端な言い方をすれば、「自分たちが思い描いていた常識や当たり前が全くの空想だった」ということではないでしょうか。

世の中は大きく様変わりしているのに、自分の生活や将来に対する考え方を全く変えようとしていなかった――「下流老人」「老後破産」の根本的な原因は実はこういうところにあるのでしょう。

大増税時代を生き抜く人生設計とは？

老後破産につながる直接の要因ではありませんが、大きく影響してることがもうひとつあります。それは、「晩婚化」です。

現在、男性の平均初婚年齢は約31歳、女性は約29歳。40年前から5歳程度上がっています。

図11 日本人の平均初婚年齢

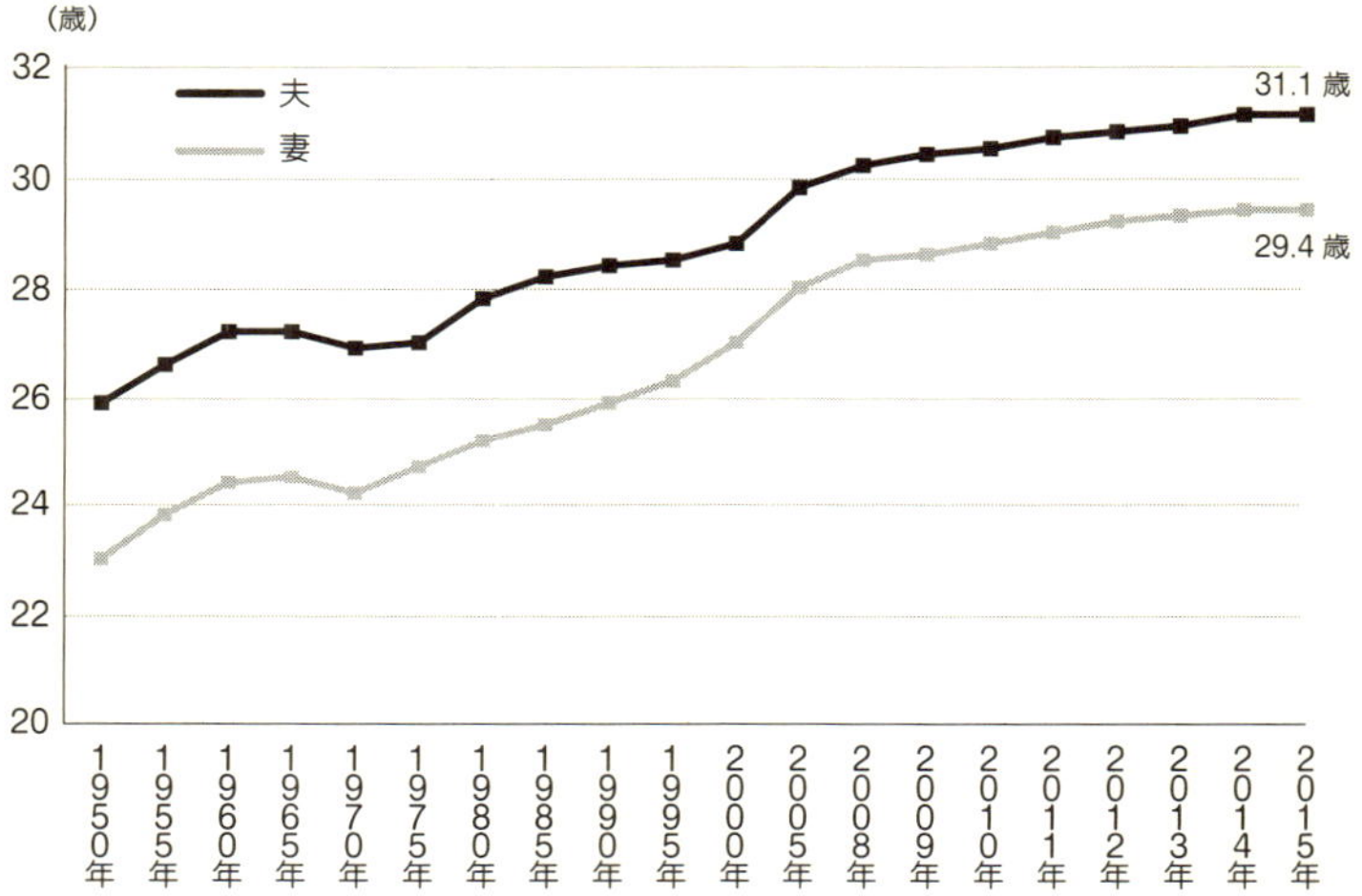

※厚生労働省「人口動態統計」(2015年)を基に作成

結婚が遅くなると、当然出産も遅くなります。第1子出産年齢は30・4歳、第2子出産年齢は32・3歳です。第1子出産年齢は、平均初婚年齢と同様に40年前に比べて5歳程度上がっています。平均初婚年齢から考えて、旦那さんが奥さんの2歳年上だとすると、第2子誕生は旦那さんの年齢で34歳となります。

どうですか？　ここまで話せば、皆さん気付いたはずです。そうなんです。第2子がもし大学へ進学するなら、卒業する頃には旦那さんの年齢は56歳を超えることになります。

子どもの学費をやっと払い終わったと思ったら、老後はもうすぐそこまで迫っています。老後資金を準備する余裕はあ

図12 女性の平均初婚年齢と母親の平均出生時年齢

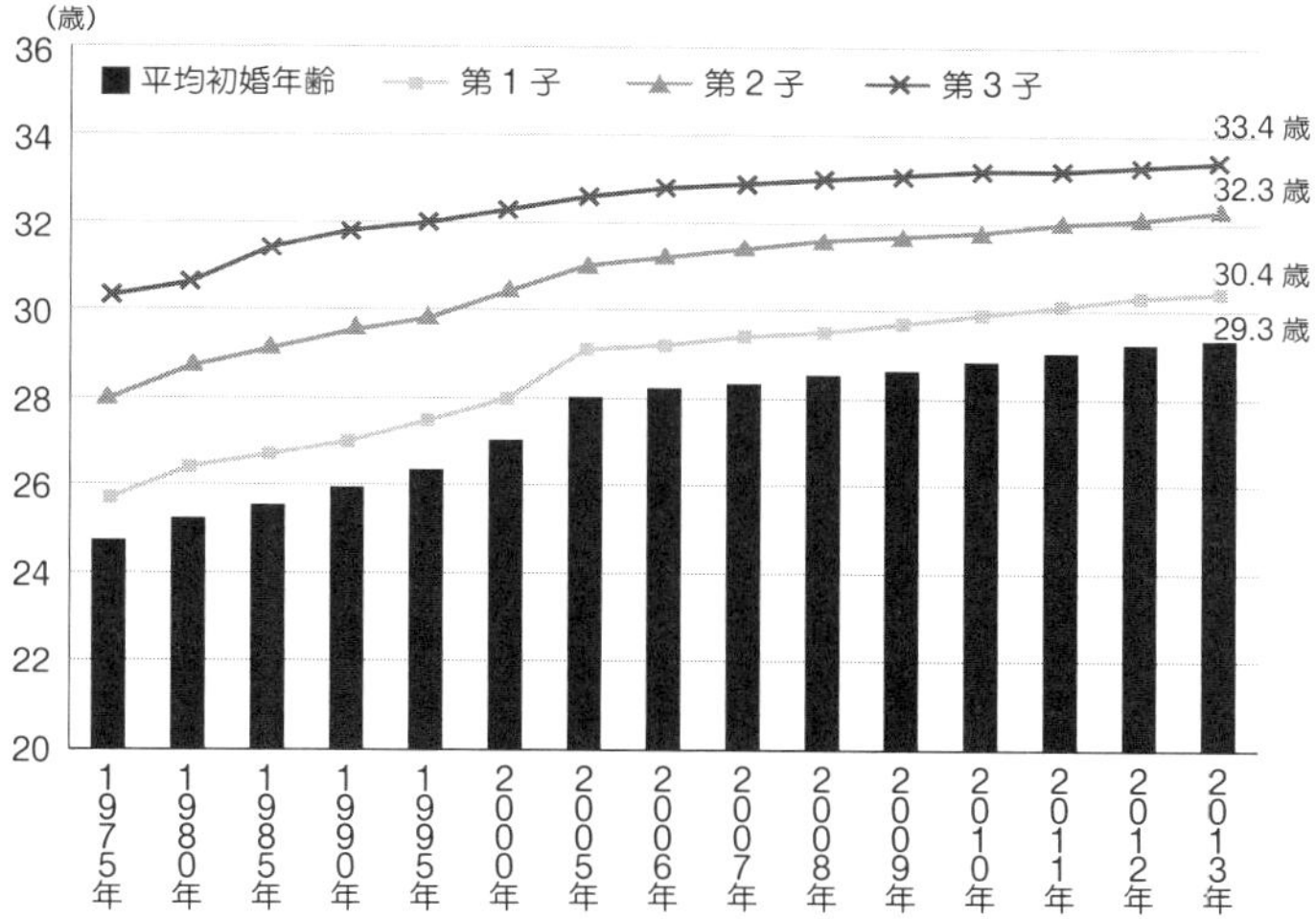

※厚生労働省「人口動態統計」の各年の公表データを基に作成

りません。

平均でもこうですから、もっと晩婚の人は当然たくさんいるはずです。実際ファイナンシャルプランナーとして私が受けている相談でも、お子さんの大学卒業は旦那さんの定年退職後というケースが増えてきています。

「いい家に住みたい」「子どもには希望どおりの進路を進ませてあげたい」「家族で年に一度くらいは旅行に行きたい」「老後はゆとりある生活をしたい」――誰もが思い描く人生です。きっと昔見たドラマか、親にいい聞かされてきた理想の人生なのでしょう。

しかし、そんな理想的な人生を送ることは、この日本では難しくなっています。

多くの人にこの事実をお伝えすると、返ってくるのは決まって、「もちろんわかっていますよ！」という答えです。

しかし、そう答えた人が実際取っている行動は、無理な住宅ローンを組みながら、「たまにはいいじゃないか」と外食や旅行を繰り返し、子どもの進学のために教育ローンを組んで……。

結局は現実を見ることはありません。きっと本当に切羽詰まったときに初めて気付くのでしょう。皆さんには、そんな思いをしてもらいたくありません。

では現実に向き合うためには、どうすればいいのでしょうか？

その答えは簡単です。一度人生を逆算して考えてみるのです。つまり、「人生設計」を立ててみてください。

この先、生きて行くためにどのぐらいのお金がかかるのか？　自分が理想としている人生のためにコストを計算した上で、今の自分たちにそれが可能なのか？　これらを検証してみてください。きっと現実が目の前に展開されるはずです。

結果は暗くなるものかもしれません。しかし、理想という幻想を捨てなければ、この時代には生きていけないのです。

第2章

増税時代の家計のやり繰り

家計を蝕む三大支出

社会保険負担の増加に加え、年収の低下、平均寿命の伸び——日本がもはや、ただ生活しているだけでは、なんとかなる時代ではないことは、ご理解いただけたと思います。

そんな時代の乗り切り方のひとつとして、人生を逆算してコストを検討し、「人生設計」を立ててみることをアドバイスしました。しかし、「いきなり人生設計だといわれても……」と思いますよね。

そこで、まずは「家計」から見直すことを提案します。「家計」というキーワードで最初に連想するのは、きっと「家計簿」ですよね。「家計簿」＝三日坊主の象徴のようなものですから、ほとんどの人にとってあまりいい印象はないでしょう。ともあれ、「家計」をもっと構造的に考えることで、この大増税時代を乗り切っていけないかを試みてみます。

「家計」とは、要は「我が家の財布」です。皆さんがまず気になるのは、当然「何に一番お金を使っているのか？」ではないでしょうか。

まずは、国の家計調査から住宅ローンを返済している30代の家計の中身をまとめてみまし

図13　**30代住宅ローン返済世帯の支出の内訳**

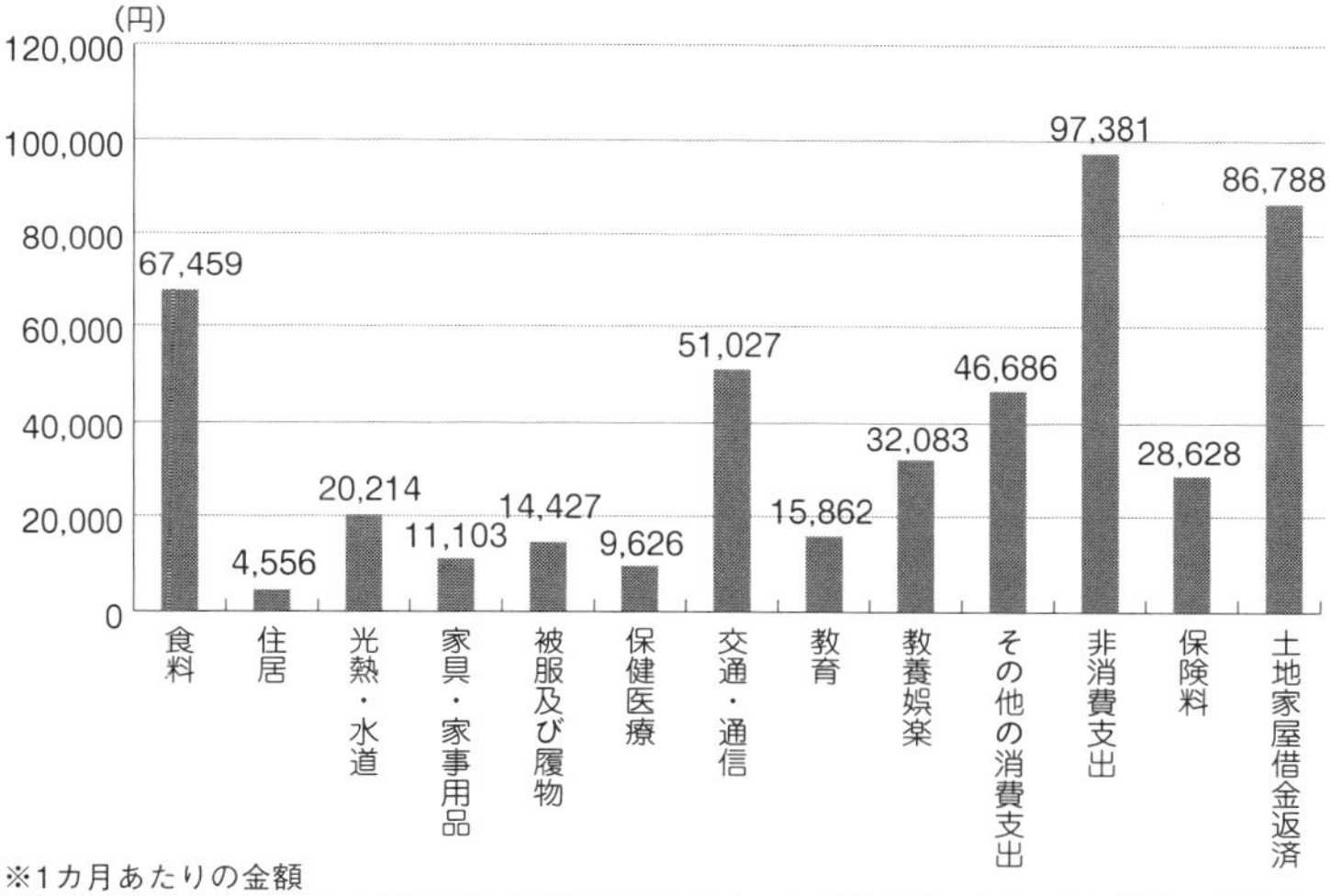

※1カ月あたりの金額
※勤労者世帯のなかから土地家屋借金返済の記入のあった世帯を取り出し，その世帯の家計収支（用途分類）を集計
※総務省統計局「家計調査結果」（2015年）を基に作成

た。図13をご覧ください。

どうですか？「我が家はもっとここにお金を使ってる」「我が家ではここにこんなにお金を使ってない」など、いろいろな感想があると思います。その感想こそが家計を見直す一番のきっかけです。

では、「何に一番お金を使っているのか？」という質問に立ち返ります。こう質問されると多くの人はきっと「食費」と答えるのではないでしょうか。

日常の買い物の代表格ですから、どうしてもそこに目を奪われがちですが、その金額は6万7459円と、全体の14％にすぎません。

ちなみに、家計の中身を支出順に並べたものが図14です。

図14 家計における支出金額の大きい費目

順位	費目	金額
1位	非消費支出	97,381円
2位	土地家屋借金返済	86,788円
3位	食料	67,459円
4位	交通・通信	51,027円
5位	その他の消費支出	46,686円
6位	教養娯楽	32,083円
7位	保険料	28,628円
8位	光熱・水道	20,214円
9位	教育	15,862円
10位	被服及び履物	14,427円
11位	家具・家事用品	11,103円
12位	保健医療	9,626円
13位	住居	4,556円
合計		485,840円

※総務省統計局「家計調査結果」(2015年)を基に作成

第1位の「非消費支出」って、「なに、それ?」と思いますよね。ごめんなさい、少し意地悪な書き方になってしまいました。**この「非消費支出」は、所得税・住民税の約4万円、社会保険料の約5万7000円で構成されています**。つまり、第1章で問題にした項目です。

通常は給料から天引きされているので、皆さんは痛みをあまり感じていないかもしれませんが、これが実は家計のなかでは一番大きな支出だということを再確認してください。

第2位は、「土地家屋借金返済」、つまり住宅ローンの返済です。第1位の非消費支出に匹敵する金額ですよね。もちろん住宅ローン返済世帯に絞っているからというのもありますが、家計の約20％が住宅ローンということになるのでその影響力は強大です。**このローンの返済額が将来上昇でもしたら、とんでもないことになります。**

「えっ？　住宅ローンが値上がりすることがあるの？」と思う人もいるでしょう。これについては、第4章でゆっくり説明します。

そして第3位がやっと「食料」です。この3位以降で保険料を除くものが「消費支出」と呼ばれ、消費増税の影響を受ける費目となります。その総額は約27万3000円なので、仮に今より2％増税されれば、月に5460円も家計の負担が増えることになります。

しかし、この3位以降にもよく見ると意外な点がたくさんあります。

まず、水道光熱費は順位が低いという点。節約本や雑誌の節約特集などでは、「電気のワット数を見直す」「コンセントをもとから抜いて待機電力を減らそう」「トイレのタンクにペットボトル入れて水道代を節約しよう」などの記事を見かけますが、家計全体に及ぼす影響力はそれほど多くないことがわかります（もちろんやらないよりもやったほうがいいのですが）。

つまり、やはり家計全体を見直す場合には、「食料」「交通・通信」「その他の消費支出」といったあたりにメスを入れていかないといけません。

第一に「食料」です。食料は「家食分」と「外食分」に分けることができます。30代では家食分

図15　県庁所在地別1世帯あたりの年間外食費用

外食支出額の多い都市ベスト10

順位	都市名	金額
1位	東京都区部	243,890円
2位	名古屋市	209,835円
3位	川崎市	207,314円
4位	さいたま市	202,120円
5位	横浜市	199,265円
6位	京都市	195,646円
7位	大阪市	187,355円
8位	金沢市	187,002円
9位	岐阜市	183,188円
10位	宇都宮市	182,472円

外食支出額の少ない都市ベスト10

順位	都市名	金額
1位	青森市	92,498円
2位	鳥取市	124,170円
3位	北九州市	128,190円
4位	秋田市	128,631円
5位	那覇市	131,806円
6位	新潟市	136,336円
7位	宮崎市	136,914円
8位	盛岡市	139,389円
9位	福島市	140,111円
10位	札幌市	140,358円

※1世帯ふたり以上の平均額
※総務省統計局「家計調査結果」(2015年)を基に作成

が約4万9000円、外食分が約1万8000円。外食費が全体の4分の1以上にもなります。日々の食料の買い物を節約するのには限度がありますが、外食は比較的コントロールしやすいでしょう。

ちなみに、県庁所在地別の外食費用を見ていくと、第1位はダントツで東京都の年間24万3890円。対して、最下位の青森市は年間で9万2498円。その差は年間で約15万円、つまり月に1万2500円以上です。いかに外食は、生活習慣の問題かということがわかります。外食費のコントロールが、家計の見直しのポイントになるでしょう。

次に、「交通・通信」です。「交通」が約3万4000円、「通信」が約1万7000

円という内訳になります。

さらに細かく見ると、「交通」の中で一番大きな割合を占めているのが「自動車等関係費」の約2万9000円です。ここをいかに抑えるかが重要となります（「自動車等関係費」については、第5章で詳しく解説します）。

ここで注目したいのは、むしろ「通信」です。これは「電話代」が主なのですが、この「通信」は、ここ数年ずっと右肩上がりに増え続けています。

もちろん原因は、携帯電話にかける費用の増大です。固定電話の通信料が下がっているなかで、移動電話（携帯電話）の通信料が増加していることは一目瞭然。**携帯電話の料金が家計を確実に圧迫しているのがよくわかります。とくにスマホが普及しだした2009年頃からさらに増えています。**2015年の年末に政府が携帯電話大手3社に対して、携帯電話料金の引き下げを求めましたが、景気対策として間違っていないということですね。

さらっと流して見てきたので最後に少しまとめましょう。

まずは、この平均的な家計の中身を眺めて、自分の家計と比較してみてください。自分の家計のほうがずっと多くお金を使っている項目があるかもしれません。その逆の場合もあるでしょう。

重要なのは、何かの物差しをもって比較してみることです。そうすれば「我が家の家計の特

図16 世帯消費に占める電話通信料の推移

	電話通信料	(うち)固定電話通信料	(うち)移動電話通信料	世帯消費支出	世帯消費に占める電話通信料の割合
2006年	108,158円	37,352円	70,806円	3,097,033円	3.49%
2007年	109,632円	35,640円	73,992円	3,138,316円	3.49%
2008年	110,971円	33,212円	77,759円	3,135,668円	3.54%
2009年	111,404円	31,418円	79,986円	3,044,643円	3.66%
2010年	110,771円	30,353円	79,918円	3,027,938円	3.66%
2011年	111,371円	30,806円	80,565円	2,966,673円	3.75%
2012年	111,906円	30,429円	81,477円	2,971,816円	3.77%
2013年	112,453円	29,354円	83,099円	3,018,910円	3.72%
2014年	113,775円	27,536円	86,239円	3,017,778円	3.77%
2015年	117,720円	26,414円	91,306円	2,965,515円	3.96%

※総務省統計局「家計調査結果」の各年の公表データを基に作成

徴」が見えてくるはずです。

その次に、家計の中身で何をコントロールすることが最適なのか、何を見直すと節約効果が出やすいのかを確認します。

税金や社会保険はコントロールが難しい項目なので、それ以外を考えてみると、一番に「住宅ローン」、二番目に「車の維持費」、三番目に「外食費」、最後に「携帯電話代」だということがわかります。

さらに付け加えるなら、「保険料」でしょうか。

遠くのスーパーへ特売品を求めて、ガソリン代を消費してまでクルマで赴く前に、「この大きな支出の項目に我が家がいくら使っているのか?」「そしてこの項目を減らすことができる手立てがないのか？」などを検討することが重要です。

家計簿の本当の効果

ただ、そういわれても「家計簿を付けていないから、家計の中身なんかわからない」という人も多いかもしれません。

家計簿を付けるだけなら、毎日夜寝る前の10分で終わります。でも、「明日にまとめて……」「明後日にまとめて……」「1週間分をまとめて……」と思っているうちに溜まっていき、付けるのが面倒臭くなってしまいます。

ここで皆さんに質問です。**そもそも家計簿って何のために付けているのですか？**

「そんなのお金を貯めるために決まっているじゃないですか」と答える人が大半でしょう。では、続けて質問です。家計簿を付けると、どうしてお金を貯めることができるのですか？

家計簿というのは、使ったお金をただ記録していくだけのものです。そんな家計簿の効用とはいったいどのようなものなのでしょうか。

ひとつは、「戒め」という効果です。記録していくことで「今日はこんなにお金を使ってしまった」という気持ちが生まれます。この気持ちが自然と節約を促します。

きっとこれが家計簿を付ける一番の効果だと思っている人がほとんどだと思います。もちろん、この精神的効果は絶大です。その効果をさらに倍増させるために、記録するだけではなく、集計もしてください。集計をすると必ず「どうして今月はこんなにも支出が多いのだろう？」という疑問が生まれ、それまでの行動を振り返るようになるからです。

実は他にも、家計簿にはこの戒め効果と同じくらい、いやそれ以上に重要な効果が隠されています。この効果を語っている家計の本が少ないのが不思議なくらいです。

その隠された効果とは、「使途不明金を少なくする」です。

「使途不明金」というのは、名前のとおり「何に使ったかが不明なお金」です。「あれ？　いつの間にかお金がないなぁ。何に使ったのだろう？」というアレですね。家計のなかにはこういうお金がかなりあります。

ちなみに、図14の第5位「その他の消費支出」の中にこの「使途不明金」は含まれていて、金額にすると約1万円です。家計調査に答えているのは家計簿を付けている人です。そんな家計簿を付けている人でもこれだけの使途不明金があります。家計簿を付けていない人であれば、この「なんとなくどこかで使ってしまったお金」の金額がさらに増えることは間違いありません。一説では消費支出の20％にもなるともいわれています。

これに先ほどの１カ月の家計における支出金額にあてはめてみると。「消費支出」が約27万3000円なので、月に約5万4600円も使途不明金が発生していることになります。

これはすごく大きな金額です。この使途不明金を何に使ったのかをはっきりさせることが、家計簿の隠れた最大の効果なのです。

「使途不明金が少なくなっただけで、結局他の支出が増えるだけでは?」と思う人もいるでしょう。そうではありません。使途不明金を減らすことを意識すると、無駄遣いが少なくなるのです。目的を持ってお金を使うことができれば、お金は貯まります。

使途不明金の額が多い人は、家計簿を付けていなくてもどのような行動パターンを取るのかがわかっています。使途不明金が多い人にありがちな行動パターンは、以下の3つです。

①コンビニに行く回数が多い

コンビニに行くと、どうしても「ついで買い」をしてしまうのでしょう。コンビニにはそれを狙って、「ついで買い」をしてもらうような仕組みが満載です。

②ATMで月に2回以上お金をおろす

少額のお金を頻繁に引き出す人ですね。ATMを財布代わりに使ってはダメ。月に一度もしくは二度だけお金を引き出し、その範囲内でやり繰りすると使途不明金が少なくなります。

③どんなものでもクレジットカードで買い物をする

「クレジットカードは明細が出るから、使途不明金にはならないだろう」と思うかもしれませんが、そんなことはありません。クレジットカードの使途不明金については以下で説明します。

クレジットカードが無駄遣いをさせる

「クレジットカードを利用して、お得なポイントをゲットしよう」

このような広告や雑誌の特集をよく目にします。クレジットカードを活用することが、家計に役に立つテクニックだと思っている人も少なくないでしょう。しかし、残念ながら全く逆です。**クレジットカードを頻繁に利用していてお金を貯めている人を、私は一度も見たことがありません。そういう人ほど浪費傾向にあります。**

たしかにクレジットカードにメリットがあることはわかります。ポイント還元やキャッシュバック、マイル移行と、現金で買い物をする以上の付加価値が付いてきます。

ポイント還元率が5％だとすれば、1万円の買い物で500円が還元されます。月に27万3000円の買い物をするとすれば、この全てをクレジットカードで支払うと1万3650円も還元されることになります。

これはすごいことですよね。なのに、どうしてクレジットカードを多用している人はお金が貯まらないのでしょうか？

少し考えてください。お店やカード会社は、どうしてこんなにポイント還元をしてまでも、クレジットカードでの決済をすすめるのでしょうか？　それは、ポイントで割引きをする以上に旨味があるから、クレジットカードでの買い物を促しているのです。

皆さん、もうおわかりだと思います。その旨味とは、クレジットカードのほうが現金よりもたくさん買い物をしてくれるということです。

お財布にお金がなくても買い物ができるカード決済は、お金が減る痛みが現金よりも少ない分、買い物の金額が大きくなってしまいがちです。

現金での買い物であれば、その財布にお金が入ってなければ、買いたいものでも我慢します。財布からお金が出ていくため、お金がなくっていく実感も痛みもあります。

だからこそクレジットカードを多用すると、どうしても無駄な買い物や使途の不明な買い物が増えてしまうのです。

クレジットカードの有効な利用法とは？

「クレジットカードが無駄な買い物を増やすといわれても……」

そうですよね。ましてやこの大増税時代に少しでも賢く得に買い物をしようとすれば、クレジットカードのポイント還元を利用しない手はないというのも事実です。

ここまで読むと、「クレジットカードなんて利用しないほうがいいのか？」と思ってしまうかもしれません。私が仕事で相談を受けた際、全く家計管理ができていない人にはクレジットカードの使用を禁止させてもらっています。

クレジットカードでの痛みのない無駄遣いは、翌月もしくは翌々月になって支払い明細を見たときに初めて気付きます。ほとんどの人の感想は、「あれ？ こんなに使ったっけ？」です。当然クレジットカードの支払い月はその支払いで精一杯。現金はなくなってしまうでしょう。お金がない以上、買い物にはクレジットカードを利用するしかありません。そのうち月々の給料だけでは穴埋めすることができずにボーナスまで手を付けることになります。気が付けば貯蓄どころではありません。

このような状況では、さすがにクレジットカードを今までどおり使わせるわけにはいきません。家計を正常な状態に戻すことが先決です。

クレジットカードを効果的に利用するには、家計管理ができていることが前提となります。

クレジットカードのデメリットは、「買い物するタイミングとお金を支払うタイミングが違う」という、この1点につきます。

このデメリットに該当しないものについては、カードでの支払いは効果的です。たとえば、銀行口座から引き落とされる口座振替の支払いに関しては、クレジットカード経由でポイントが付くのであれば、カードの利用をおすすめします。水道光熱費や携帯電話料、家賃、保険料、習い事の会費などがこれに該当にします。

次に、毎月ほぼ定額の金額を支払う費目も問題ありません。ガソリン代などはこれにあたりますね。クルマで旅行にでも行くのなら別ですが、日常生活のなかでは毎月の金額がそれほど大きく上下しません。無駄遣いしているわけではないので、カードでの決済に向いています。

問題なのが、日用品代、食料品代、外食費、レジャー費、服飾費などです。

最近では、大手スーパーからドラッグストアまでクレジットカードのポイント還元を掲げて、そのポイント還元がキャンペーンの目玉になっていたりします。旅行だってほとんどがインターネット予約なので、そのまま決済するほうがポイントは貯まります。服やカバンにしても、ネット通販のほうが品揃えが豊富で、価格も安く、返品も自由で、実店舗での買い物よりも利便性が高いものが増えてきています。当然、クレジットカードを利用したいところですが、この場合、買い物をするタイミングとお金を使うタイミングが異なります。

このデメリットを補うクレジットカードの利用方法は、もちろんあります。**使った分のお金だけ、クレジットカードの引き落とし口座に入金すればいいのです。**

「そんな面倒臭いことは大変だから、あらかじめお金をいくらか入れておけばいいじゃないか？」と思うかもしれませんが、それではダメなのです。お金を使うという感覚をリアルにしておかないといけません。

あまり普及していませんが、「デビットカード」というものもあります。

クレジットカードと同じような仕組みですが、デビットカードを買い物で利用すると、その場で預金口座から代金が引き落とされ、即時に決済が行われます。そのため、基本的には口座残高を超える金額の利用ができません。この方法だと、お金を使う感覚を得やすいでしょう。

計画的にクレジットカードを利用している人を見かけることはあまりありません。一方でこういう利用方法を実践している人もいて、かなり効果を上げています。ポイント還元率5％というのは少しオーバーかもしれませんが、２～３％の還元率はカードを吟味すれば可能です。

大増税時代の対策として、家計管理をしながらのクレジットカード利用を実践してください。

共働き夫婦の落とし穴

「このままでは家計がヤバイ。私も働きに行かないと」

そう考えている専業主婦の方も多いでしょう。大増税時代を生き残っていくためには、支出の節約だけではどうしても限界があります。であれば、方法のひとつとして「共働き」というのもアリです。最近の20代は結婚してひとりの給料だけでやり繰りするのが無理とわかっているのでしょう。結婚後の共働きを選ぶことが増えているようです。

育休制度や時間短縮勤務制度など、昔に比べると働きやすい環境が整いはじめたのも大きな要因です。また、職場の意識として子育てしながら働くことに協力的なのはもちろん、子育てを応援してでも会社に残ってもらいたいという人手不足の状況が、共働きを後押ししているのかもしれません。

しかし、**残念なことに共働きで世帯収入が増えたからといって、生活がよくなるのか、貯蓄ができるのかといえば、これは全く別物です**。現場では、共働きの夫婦のほうが貯蓄の少ない現実によく直面します。

実は、共働き家庭ならではの陥りやすい失敗があります。**共働き家庭の典型的な失敗例が、**

図17 SUUMO結婚生活調査

家計管理の方法は次の選択肢のうち、どれが一番近いですか？

順位	項目	%
1位	夫婦で共用口座を作り一定金額を入金（残りはそれぞれ自由）	29.3%
2位	夫婦で支払項目を分担（家賃は夫で、食費は妻など）	25.7%
3位	片方の収入のみで暮らし、残りの収入を貯蓄	19.7%
4位	夫婦で共用口座を作り全額入金、夫婦ともにお小遣い制	15.0%
5位	ただ何となくどちらかが支払っている（家計管理できていない）	8.0%
6位	その他	2.3%

出典：株式会社リクルート住まいカンパニー　「SUUMOジャーナル」
調査期間：2015年2月25日～2015年2月26日
対象：首都圏在住の20～49歳、2010年以降に結婚した共働き夫婦（子どもなし・持ち家なし）、有効回答数：300名（男女150名ずつ）

「お互いの財布の中身が別々」というパターンです。

お互いの財布の中身は知らないと答える夫婦はかなりの割合にのぼります。お互いの貯蓄額を知らないという夫婦も多いのではないでしょうか。

図17は、不動産・住宅に関する総合情報サイト「SUUMO」による、結婚5年以内の共働き夫婦を対象とした結婚生活に関するアンケート調査の結果です。これによると、過半数の共働き家庭が財布は別だということになります。これではお金を貯めることは難しいでしょう。

家計というのは、入り口はなるべく多く、出口はなるべく少なくというのが基本です。出口を複数用意すると、その数の分だけ使途不明金が増えていきます。共働きが、稼ぎは多いけれど、支出も多いのはこれが原因なのです。

次に多いのが「ついご褒美が多くなってしまう」というパターンです。

私も経験しましたが、子育てと家事と仕事、それぞれを夫婦ふたりで分担するという日常はとてもハード。とくに子どもが小さな頃は、毎日クタクタです。だから、「週末くらい外食したい」「休みの日くらいどこか遠出をしたい」と、いつも頑張っている自分たちや、いつも我慢してくれている子どもたちにご褒美をあげたくなりますよね。

もちろんその気持ちはよくわかります。「それぐらいの楽しみがないと頑張れない！」というのは、本当ですよね。「ご褒美を全くゼロにしなさい」というつもりはありません。でも、ご褒美は繰り返すうちにマヒしてしまうことに気を付けてください。

図17の回答の中で一番の正解は、実は第3位の「片方の収入のみで暮らし、残りの収入を貯蓄する」です。

共働きは収入が増える分、使える金額も増えます。だからこそ使える金額に制限をかけておくことがコツとなります。その目安として、片方の収入で生活して残りを貯蓄するというのはいいアイデアです。財布もひとつになりますし、ご褒美消費にも限度を設けることができます。

こう表現すると、「楽しい生活ができない！」と思うかもしれませんが、そんなことはありません。第3章で話しますが、**貯蓄は人生における「保険」となります。貯蓄を持っていることは人生を安全に過ごせる唯一の方法です。**

しかし、私は経験上、貯蓄は子どもが生まれるまでか、子どもが小さなうちにしておかないと貯まりづらいことも知っています。この頃に貯蓄をしっかりしておくと、人生の中盤以降を楽しく過ごせます。人生は長いものです。長期戦略で〝楽しみ〟を考えないといけません。

どれだけ貯蓄があれば安心なのか？

「いったいいくらぐらい貯蓄があれば安心できるのですか？」

こんな質問をよくいただきます。答えは簡単です。

「いくらあっても不安です」

貯蓄は一定の金額を超えると安心かというと、意外にも安心にはなりません。あればあるだけ不安になるそうです。

ですから質問を変えてみましょう。

図18　大学生の教育費総額

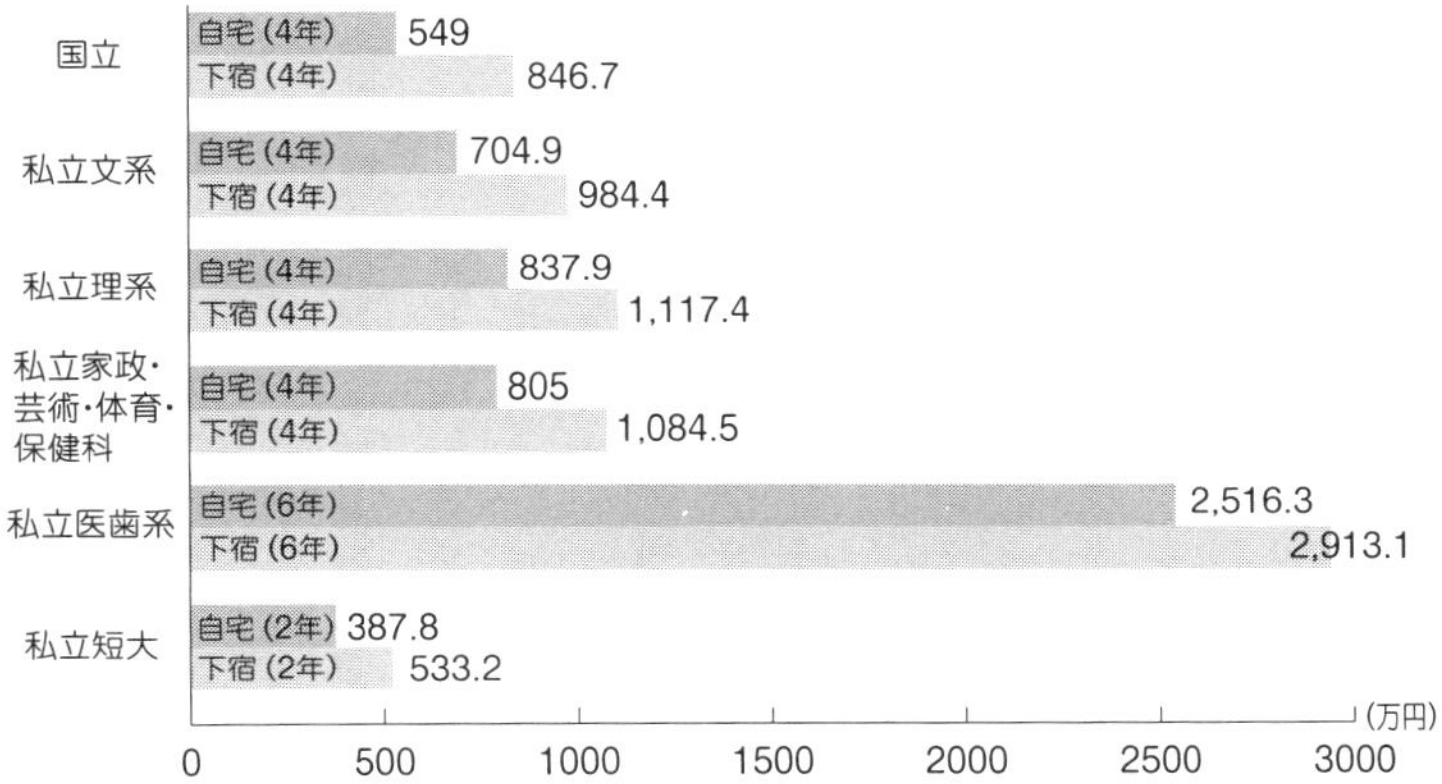

※日本政策金融金庫「平成26年度 教育費負担の実態調査結果」、文部科学省「市立大学等の平成26年度入学者に係る学生納付金等調査結果」「文部科学省令」（独）日本学生支援機構「平成24年度 学生生活調査結果」を基にセールス手帖社保険FPS研究所試算
※『ライフプランデータ集 2016年版』（セールス手帖社）のデータを基に作成

「いったいくらぐらいの貯蓄があると〝安全〟ですか？」

この質問であれば少し具体的に考えられそうです。

はじめに、「日々の生活費」を考えてみます。現在子どもが小学生以下と小さいのであれば、子どもが高校生になる頃には、日々の生活費は今の1・2倍から1・5倍になると想定してください。

現在や将来の収入で、1・2倍から1・5倍に膨らむ未来の生活費がまかなえるのなら、貯蓄する必要はありません。

次に、「子どもの大学進学の費用」です。進路にもよりますが、私立大学で下宿の場合、約1000万円が必要です。

図19 教育費と自動車買い替え費用の貯蓄目標例

予定	教育費		自動車買い替え費用			合計
	第1子年齢／年間貯蓄額	第2子年齢／年間貯蓄額	1台目	2台目	3台目	
1年目	0歳／55万円		30万円			85万円
2年目	1歳／55万円		30万円			170万円
3年目	2歳／55万円	0歳／55万円	30万円			310万円
4年目	3歳／55万円	1歳／55万円	30万円			450万円
5年目	4歳／55万円	2歳／55万円	30万円			590万円
6年目	5歳／55万円	3歳／55万円	30万円			730万円
7年目	6歳／55万円	4歳／55万円	30万円			870万円
8年目	7歳／55万円	5歳／55万円	30万円			1010万円
9年目	8歳／55万円	6歳／55万円	30万円			1150万円
10年目	9歳／55万円	7歳／55万円	30万円	-300万円		990万円
11年目	10歳／55万円	8歳／55万円		30万円		1130万円
12年目	11歳／55万円	9歳／55万円		30万円		1270万円
13年目	12歳／55万円	10歳／55万円		30万円		1410万円
14年目	13歳／55万円	11歳／55万円		30万円		1550万円
15年目	14歳／55万円	12歳／55万円		30万円		1690万円
16年目	15歳／55万円	13歳／55万円		30万円		1830万円
17年目	16歳／55万円	14歳／55万円		30万円		1970万円
18年目	17歳／55万円	15歳／55万円		30万円		2110万円
19年目	18歳／-990万円	16歳／55万円		30万円		1205万円
20年目		17歳／55万円		30万円	-300万円	990万円
21年目		18歳／-990万円			30万円	30万円

目標として、この金額を子どもが大学に入学するまでに貯めるとします。18歳で大学入学ですから、均等に貯めると1年間で約55万円貯めなければいけません。でも、そんなに上手く均等に貯めることなんてできませんよね。ですから1年目55万円、2年目110万円、3年目165万円……10年目550万円というように表にしてみて、この貯蓄額を目標にしていきます。子どもひとりでこの金額なので、ふたり目、3人目となると、かなり高いハードルです。

もちろん、これはあくまでも私立大学で下宿する場合なので、自宅から通ってもらうことを前提にすれば、もっと少ない金額で済みます。

さらに、クルマを所有しているなら、その買い替え費用も計算に入れないといけません。どんなクルマを何年後に買い替えるのか？　仮に10年後に300万円のクルマを買い替えるのであれば、毎年30万円の貯蓄が必要です。

その分の金額も貯蓄のなかに考慮します。ちなみに表にすると、図19のようになります。貯蓄額がこの合計金額を超えていれば、安全だといえるでしょう。

最後に「老後の資金」です。あくまでも一般論ですが、老後世帯の生活費は月約30万円だといわれています。旦那さんがサラリーマン、奥さんが専業主婦（パート含む）の場合、もらえる年金が約24万円程度。これが国が掲げているモデルですから、毎月約6万円の赤字です。

仮に65歳から85歳まで20年間、この状態が続いたとすれば、赤字金額は1440万円です。これにクルマの買い替えや住宅改修などのお金を計算すると、約2000万円は老後費用として必要になります。あとは退職金がいくらもらえるかを会社で確認して、その差額を65歳までに積み立てていけばOKです。

一番下の子どもが大学に入学してから65歳になるまでに10年あるなら、差額を10年で割ります。もし退職金がなく、2000万円準備しないといけないとしても毎年20万円です。教育費の積み立てから考えれば十分余裕はあります（実はここに住宅ローンが65歳までに完済できるのかという問題が隠れているのですが、それはまたのちほど述べます）。

つまり、子どもがまだ小さな家庭では、何を置いておいても教育費の準備計画を立てないと、なかなか安全な状態に行き着かないのです。

お金が貯まる家計のポイント

具体的な数字を見ると少し気が遠くなりましたね。「大増税時代に、これだけ貯蓄もしないといけないのか」と考えると、無理なような気がします。

しかし、これが現実です。それを知った今、現実に向かってやれることをやるしかありません。最後に、お金を貯めるためのポイントを大きく3つに整理して説明します。

ひとつ目は、「出血を止める」です。

いくらお金を稼いでも、お金が出ていく量が多ければ話になりません。**まずは一般的な家計と比べて、「自分の家計はどこが出費が多くて、どこが出費が少ないのか？」を考えてください。**これを客観的に見比べながら、出血箇所を特定します。そして、その出血を止めないといけません。この出血の止め方のヒントは、第3章以降で具体的に紹介していきます。

もし、その出血の原因が、使途不明金であれば重大です。ただちに使途不明金を押さえ込まないといけません。もちろんクレジットカードとは上手に付き合う必要があります。

ふたつ目は、「財布の出口を減らす」です。

これは、夫婦ともに正社員の共働きの場合だけに当てはまることではありません。どちらかがパートの場合でも同じです。**なるべく旦那さんの給料でやり繰りして、奥さんの給料を貯める。この方法が最も有効な貯蓄方法です。**

また、お金が引き落とされる銀行口座が、複数あるのも避けるべきです。どうしてもという場合を除いて、家計費が引き落とされる口座はひとつにしましょう。もちろん予算方式で複数の通帳を管理することは可能です。

3つ目は、「貯蓄の長期目標を立てる」です。

先ほど見てもらった図19の貯蓄例はあくまでも均等に貯めた場合です。もちろん、そんな均等にお金が貯まるわけではありません。

子育てで共働きができない期間は貯蓄ができない、そんな場合も多いでしょう。その代わり、また共働きができるようになればそこから貯めていけばいいのです。目標と計画性にどの程度具体性があるのかが重要となります。

おすすめするのが「目的別預金」です。子どもの名前で教育費を貯めている人は多いと思いますが、それ以外にたとえば「自動車積立の通帳」「家電積立の通帳」「旅行費積立の通帳」など、目標に合わせた通帳を用意して、目標金額を積立てていくことをおすすめします。

また、計画や目標は夫婦で一緒に立ててください。これが一番重要です。貯蓄を妨げる最大の敵は、意外にも「配偶者」という場合が少なくありません。

私は仕事柄、お金の価値観が合わないことが原因で離婚するご夫婦をよく見ます。結婚後、なるべく早い段階でこのすり合わせをしておかないと、のちのち大きな問題になるでしょう。

第3章

勘違いだらけの生命保険

生命保険は思っているよりも高い！

第2章で述べた〝家計における出血〟対処方法のひとつ目は、「生命保険」です。30代でも毎月の保険料が約2万8000円（図13または図14参照）と、家計のなかの単独項目としては上位の支出だということはすでにお伝えしました。

生命保険文化センターが実施した「平成28年度 生活保障に関する調査」では、年間払込保険料（個人年金保険の保険料を含む）は、男性で平均22万8000円、女性で平均17万4000円となっています。

また、同じく生命保険文化センターが実施した「平成27年度 生命保険に関する全国実態調査」によると、1世帯あたりの年間払込保険料（個人年金保険の保険料を含む）は平均38万5000円です（図20参照）。

38万5000円ということは月に約3万2000円ですから、さらに4000円（3万2000円−2万8000円）も高いということがわかります。当然40歳、50歳と年齢を経るにつれて、保険料の額は増えていくでしょう。38万5000円を30年間支払い続けると、約1200万円

図20 1世帯あたりの年間払込保険料

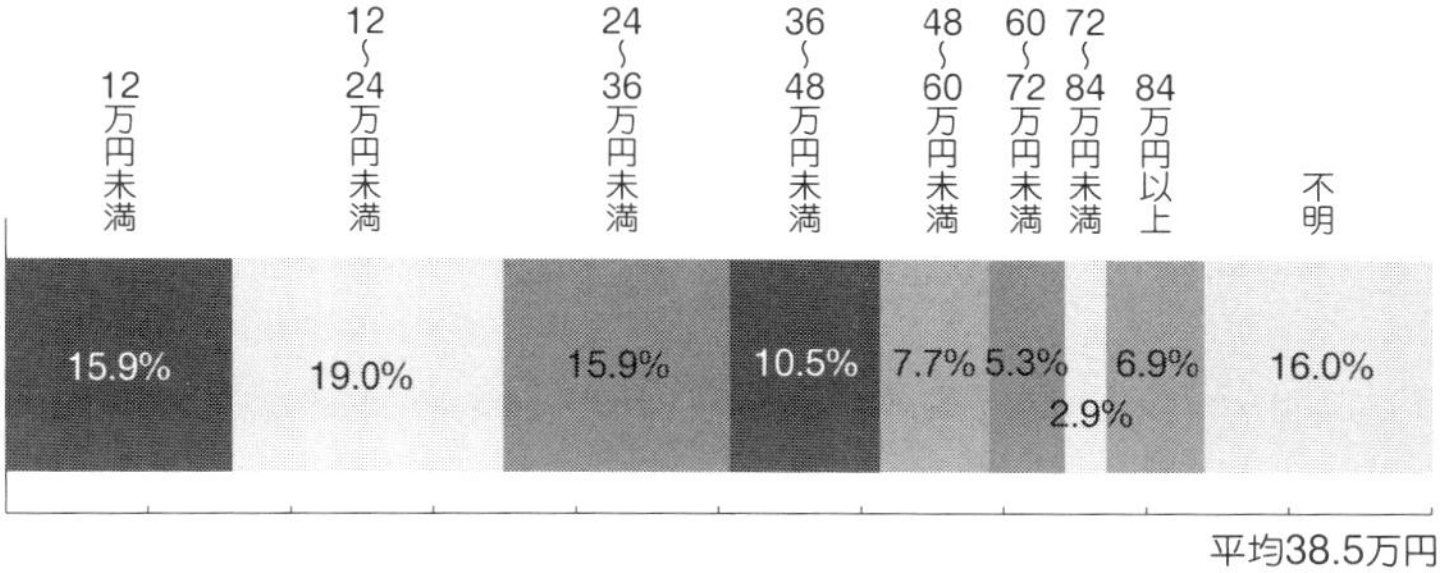

$$\text{世帯年間払込保険料} = \frac{\text{全世帯員の年間払込保険料の総合計}}{\text{生命保険に加入している世帯数}}$$

※年間払込保険料は、民間の生命保険（かんぽ生命を含む）、簡保、JA、生協、全労済、個人年金保険の計。一時払い・頭金の保険料は除く
※生命保険文化センター「平成27年度 生命保険に関する全国実態調査」を基に作成

になります。怖ろしい金額ですね。

最近は、保険の見直しを相談できる保険ショップが街のいたるところにありますし、テレビCMも頻繁に流れていま す。保険の見直しは昔からすれば手軽で身近になりました。ですから、家計の見直しの際に「まずは保険から」という人も少なくないのではないでしょうか？

本書を読んでいる人のなかには「保険は見直したからもう大丈夫」と思っている人も多いでしょう。ここからは、そういう人にこそ聞いてもらいたい話です。「えっ！ もう一度見直さないといけないの？」と心配になってしまうかもしれません。もしかしたら、そのようなことになるかもしれませんね。

保険ショップでの保険の見直しは正しい？

「保険の見直し」と聞けば、まず保険ショップを思い浮かべる人も少なくないでしょう。駅前や大型商業施設に行けば必ず見かけるので、身近に感じて当然です。

ひと昔前までは、会社に保険会社のセールスレディが毎日のように来て、お菓子なんかを配り、そのうちに仲良くなり、保険に加入する――なんていうのが一般的でしたが、最近では「そんな保険の入り方は保険料が高い」として避ける人も多いようです。

保険ショップであれば、公平な専門家が何十社とある保険会社から、最適な保険商品を選んでくれる――もしかしたら、そんなことを思っていないでしょうか？

これは完全に幻想です。

とはいえ、保険ショップが悪いといっているわけではありません。

保険ショップは、保険商品を販売して、保険会社から手数料を受け取って営業しています。立場しては保険の営業マンと変わりません。ですから、「公平に」「最適な商品」を選ぶことはほとんど不可能なのです。そもそも保険商品は全く同じものがほとんど存在しません。もともとそれを公平に比較することは物理的に無理があります。

そのため、保険を売る側には必ずその保険をすすめる意図があります。私自身はそれが当たり前だと思っていますし、それでいいと思っています。

しかし、保険ショップに相談しているほとんどの人は、「公平に選んでもらっている」と勘違いしています。ここが問題なのです。この点が問題となって、２０１４年に法律改正が行われ、２０１６年5月29日から相談者に誤解を与えないような販売体制の整備が求められるに至りました。法律を改正させるほど保険ショップの誤解が進んでいるということですね。

さらに問題なのは、「あなたに〝最適な〟商品」という点です。そもそも保険が〝最適な〟状態とはどのような状態なのでしょうか？

この質問に答えられる人はほとんどいないはずです。そればかりか私も含めて専門家の誰ひとりとして、最適な保険についていきなり質問されてもわかりません。最適な保険は、「どの条件で最適なのか？」といった、前提とする条件によって全く異なります。最もよい保険は、支払った保険料が全額戻ってくる保険ですよね。もちろんそんな保険が存在しないわけではありません。

しかし保険の本来の目的は、万が一のときに起こる損害を保険金でカバーすることにあります。保険料が全額戻ってくるのはいいのですが、「必要な保障額をまかなうためには、毎月の保険料が8万円です」となるとどうでしょうか？

保険で損をしたくないという条件にはぴったりかもしれませんが、毎月ずっと支払っていくことを考えたら不適切かもしれません。

どのような前提で保険を考えるのかとても重要なのにもかかわらず、そのことをわかって相談している人はどれほどいるでしょうか？

そうなんです。**ほとんどの人は、結局保険ショップの販売員が、最適だと思う商品をすすめられているだけなんです。**

大増税時代の生命保険の入り方

第1章で述べたように、これから先は大増税時代に突入する可能性が大いにあります。では、この大増税時代ということを前提にした場合、どのような生命保険の入り方が最適なのでしょうか？　それを考えるために、まずは生命保険を大きく3つに分けて考えていきます。

ひとつ目が、皆さんが一般的に生命保険と呼んでいる、人が亡くなった場合に支払われる**「死亡保険」**。次に、病気やケガで入院・手術を受けた場合に支払われる**「医療保険」**。最後に、老後費用の準備を目的に加入する**「個人年金保険」**です。

この3つは保険としての性質が全く異なるので、個別に考えていきましょう。

まずは、人の死を支払いの対象にする「死亡保険」からです。「死亡保険」はいうまでなく生命保険のメインでもあり、なおかつ生命保険を複雑な印象にさせてしまっている元凶でもあります。

「死亡保険」を考える上でのポイントは、次の3つに整理できます。

- **「掛け捨て型の保険」を前提に考える**
- **いくらの保障額が、いつまで必要なのかを計算する**
- **死亡以外のリスクに保険が必要かどうかを整理する**

死亡保険とは、基本的には人が亡くなったことを支払いの対象にしている保険ですから、もともとはそれほど複雑な商品ではありません。「ここまでに死ぬ確率に対していくら賭けますか？」というだけの話です。

死亡保険を複雑にしている原因のひとつに、「掛け捨て型の保険」「積立型の保険」が入り混

じっていることが挙げられます。

「自分が死ぬ確率」に高額な保険料を賭ける人は少ないですよね。そうすると保険会社は保険が売れなくて困ります。

しかし、「この保険は『貯蓄』にもなる商品です」といえば、途端に皆さんの反応がよくなります。

「残された家族のためにお金は必要だし、貯蓄として戻ってくるなら加入しておくか」となるわけですね。

ですから、死亡保険には積立型の保険を組み合わせているケースがあります。これこそが生命保険を複雑にさせている大きな原因です。

たしかに生命保険で貯蓄を兼ねることができるのであればいうことはありませんが、そのようなメリットのみのうまい話があるわけないでしょう。当たり前ですが「保険料が高くなる」というデメリットが、どうしても出てきます。

もちろん、保険料が高くても支払っていける家計であれば問題はありません。しかし、ここでの前提は「大増税時代」です。少しでも家計をスリムにすることを優先しないといけません。「かといって、掛け捨て型の保険だともったいなくないの?」という意見も聞こえてきそうですよね。こうして生命保険は、「積立型がいいのか? 掛け捨て型がいいのか?」という議論に陥ってしまうのです。

その選択をする前に、まずは「掛け捨て型の保険」で考えてみてください。

「必要な保障を全部掛け捨てで加入すると保険料はいくらなのか？」

まずはここからスタートするのが一番賢い方法なのです。

次に「必要な保障額はいくらで、いつまで必要なのか？」ということを考えないといけません。その計算の方法はそれほど難しくありません。

（「今後必要な生活費」＋「今後かかる教育費」）－（「遺族年金」＋「遺族の収入」）

とことんな感じです。

計算シートにまとめると、図21のようになります。各年代ごとの補償額を計算し、時系列で並べてみました。

この計算結果で得られた必要な保障額をグラフにしたものが図22です。あとは、このグラフをもとにして理想的な生命保険を考えればいいのです。では、理想的な生命保険とはどのようなものでしょうか？

図21 生命保険 必要保障額算出シート

算出基礎データ

家族構成	年齢
本人	32歳
配偶者	32歳
第１子	4歳
第２子	0歳
末子年齢	0歳

基礎データ	
本人は何歳から厚生年金か？	18歳
初任給(年収)	250万円
万が一の場合何歳から働くか？	35歳
万が一の場合の年収(手取り)	100万円
万が一の場合何歳まで働くか？	65歳
末子の独立年齢	22歳
葬儀費用	200万円

※本人は「家計を支える主な稼ぎ手」、配偶者は本人にあたらない人を前提とする
※「万が一の場合」とは、本人が亡くなったときを意味する

5年後万が一のことがあった場合の必要保障額

5年後の年齢			
本人	37歳	配偶者	37歳
第１子	9歳	第２子	5歳
		末子年齢	5歳

準備が必要な生活費	7939.8万円
準備が必要な教育費	3000万円
準備が必要なその他費用	1032万円
一時性必要資金	200万円
準備が必要な金額の合計	12171.8万円

本人が万が一の場合	
その時点(退職時)年収	420万円
生活費(月)	16.5万円
教育費	3000万円
クルマの買い替え	480万円
その他の費用(月)	2万円
その他の費用必要年齢	60歳

遺族基礎年金	1631万円
遺族厚生年金	2392万円
配偶者の老齢年金	1794万円
配偶者の収入	2800万円
準備済の金額	8616万円

必要保障額　3555万円

０年後万が一のことがあった場合の必要保障額

０年後の年齢			
本人	32歳	配偶者	32歳
第１子	4歳	第２子	0歳
		末子年齢	0歳

準備が必要な生活費	8659.2万円
準備が必要な教育費	3400万円
準備が必要なその他費用	816万円
一時性必要資金	200万円
準備が必要な金額の合計	13075.2万円

本人が万が一の場合	
その時点(退職時)年収	300万円
生活費(月)	16万円
教育費	3400万円
クルマの買い替え	480万円
その他の費用(月)	1万円
その他の費用必要年齢	60歳

遺族基礎年金	2245万円
遺族厚生年金	2546万円
配偶者の老齢年金	1794万円
配偶者の収入	3000万円
準備済の金額	9585万円

必要保障額　3490万円

15年後万が一のことがあった場合の必要保障額

15年後の年齢			
本人	47歳	配偶者	47歳
第1子	19歳	第2子	15歳
		末子年齢	15歳

準備が必要な生活費	6140.4万円
準備が必要な教育費	1200万円
準備が必要なその他費用	672万円
一時性必要資金	200万円
準備が必要な金額の合計	8212.4万円

本人が万が一の場合	
その時点(退職時)年収	550万円
生活費(月)	17万円
教育費	1200万円
クルマの買い替え	360万円
その他の費用(月)	2万円
その他の費用必要年齢	60歳

遺族基礎年金	402万円
遺族厚生年金	2583万円
配偶者の老齢年金	1794万円
配偶者の収入	1800万円
準備済の金額	6079万円

必要保障額　2133万円

10年後万が一のことがあった場合の必要保障額

10年後の年齢			
本人	42歳	配偶者	42歳
第1子	14歳	第2子	10歳
		末子年齢	10歳

準備が必要な生活費	7160.4万円
準備が必要な教育費	2500万円
準備が必要なその他費用	792万円
一時性必要資金	200万円
準備が必要な金額の合計	10652.4万円

本人が万が一の場合	
その時点(退職時)年収	500万円
生活費(月)	17万円
教育費	2500万円
クルマの買い替え	360万円
その他の費用(月)	2万円
その他の費用必要年齢	60歳

遺族基礎年金	1016万円
遺族厚生年金	2237万円
配偶者の老齢年金	1794万円
配偶者の収入	2300万円
準備済の金額	7348万円

必要保障額　3305万円

25年後万が一のことがあった場合の必要保障額

25年後の年齢			
本人	57歳	配偶者	57歳
第1子	29歳	第2子	25歳
		末子年齢	25歳

準備が必要な生活費	4032万円
準備が必要な教育費	0万円
準備が必要なその他費用	312万円
一時性必要資金	200万円
準備が必要な金額の合計	4544万円

本人が万が一の場合	
その時点(退職時)年収	650万円
生活費(月)	16万円
教育費	0万円
クルマの買い替え	240万円
その他の費用(月)	2万円
その他の費用必要年齢	60歳

遺族基礎年金	0万円
遺族厚生年金	1424万円
配偶者の老齢年金	1794万円
配偶者の収入	800万円
準備済の金額	4018万円

必要保障額　526万円

20年後万が一のことがあった場合の必要保障額

20年後の年齢			
本人	52歳	配偶者	52歳
第1子	24歳	第2子	20歳
		末子年齢	20歳

準備が必要な生活費	8659.2万円
準備が必要な教育費	3400万円
準備が必要なその他費用	816万円
一時性必要資金	200万円
準備が必要な金額の合計	13075.2万円

本人が万が一の場合	
その時点(退職時)年収	600万円
生活費(月)	16万円
教育費	500万円
クルマの買い替え	240万円
その他の費用(月)	2万円
その他の費用必要年齢	60歳

遺族基礎年金	0万円
遺族厚生年金	1871万円
配偶者の老齢年金	1794万円
配偶者の収入	1300万円
準備済の金額	4965万円

必要保障額　987万円

30年後万が一のことがあった場合の必要保障額

30年後の年齢			
本人	62歳	配偶者	62歳
第１子	34歳	第２子	30歳
		末子年齢	30歳

準備が必要な生活費	3360万円
準備が必要な教育費	0万円
準備が必要なその他費用	120万円
一時性必要資金	200万円
準備が必要な金額の合計	3680万円

本人が万が一の場合	
その時点(退職時)年収	650万円
生活費(月)	16万円
教育費	0万円
クルマの買い替え	120万円
その他の費用(月)	2万円
その他の費用必要年齢	60歳

遺族基礎年金	0万円
遺族厚生年金	977万円
配偶者の老齢年金	1794万円
配偶者の収入	300万円
準備済の金額	3071万円

必要保障額　609万円

35年後万が一のことがあった場合の必要保障額

35年後の年齢			
本人	67歳	配偶者	67歳
第１子	39歳	第２子	35歳
		末子年齢	35歳

準備が必要な生活費	2688万円
準備が必要な教育費	0万円
準備が必要なその他費用	0万円
一時性必要資金	200万円
準備が必要な金額の合計	2888万円

本人が万が一の場合	
その時点(退職時)年収	650万円
生活費(月)	16万円
教育費	0万円
クルマの買い替え	0万円
その他の費用(月)	2万円
その他の費用必要年齢	60歳

遺族基礎年金	0万円
遺族厚生年金	647万円
配偶者の老齢年金	1638万円
配偶者の収入	0万円
準備済の金額	2285万円

必要保障額　603万円

40年後万が一のことがあった場合の必要保障額

40年後の年齢			
ご本人	72歳	配偶者	72歳
第１子	44歳	第２子	40歳
		末子年齢	40歳

準備が必要な生活費	2016万円
準備が必要な教育費	0万円
準備が必要なその他費用	0万円
一時性必要資金	200万円
準備が必要な金額の合計	2216万円

本人が万が一の場合	
その時点(退職時)年収	650万円
生活費(月)	16万円
教育費	0万円
クルマの買い替え	0万円
その他の費用(月)	2万円
その他の費用必要年齢	60歳

遺族基礎年金	0万円
遺族厚生年金	493万円
配偶者の老齢年金	1248万円
配偶者の収入	0万円
準備済の金額	1741万円

必要保障額　475万円

図23をご覧ください。図22のグラフに理想的な生命保険の保障額の推移を重ねてみました。きれいな三角形を描いています。各年齢でこのグラフで示された金額が支払われるような生命保険に加入できれば、無駄なくきちんと保障を確保することができます。

「これでは65歳以降はカバーできていないじゃないか」と思う人もいるでしょう。

でもよく見てください。足りない金額は、おおよそ５００万円。逆にいうと、その年齢で５００万円の貯蓄があればいいのです。そう考えれば65歳以降に亡くなった場合のリスクまで保険で準備するのはどうでしょうか？　貯蓄で準備することを考えたほうが賢明だと思います。

もともと保険は、貯蓄でカバーしきれないお金をカバーすることが目的です。そこを勘違いすると大変なことになってしまいます。

ちなみに、**図23のような理想的な保障額を得られる掛け捨て型の生命保険は、お値打ちな保険会社であれば、月額約３６５０円の保険料で販売されています（30歳男性、65歳までの収入保障保険）**。条件次第ではさらにお値打ちな場合もあるでしょう。

ただ、ここまで読んだ人のなかには、もしかすると「こんな面倒臭い計算、自分にはできない」と、失望感を抱いた人もいるかもしれません。

そうですね。この計算は少し手間かもしれません。だとすれば、このような方法で計算してくれる保険の営業マン・販売員に相談することをおすすめします。

図22 年齢別必要保障額の推移

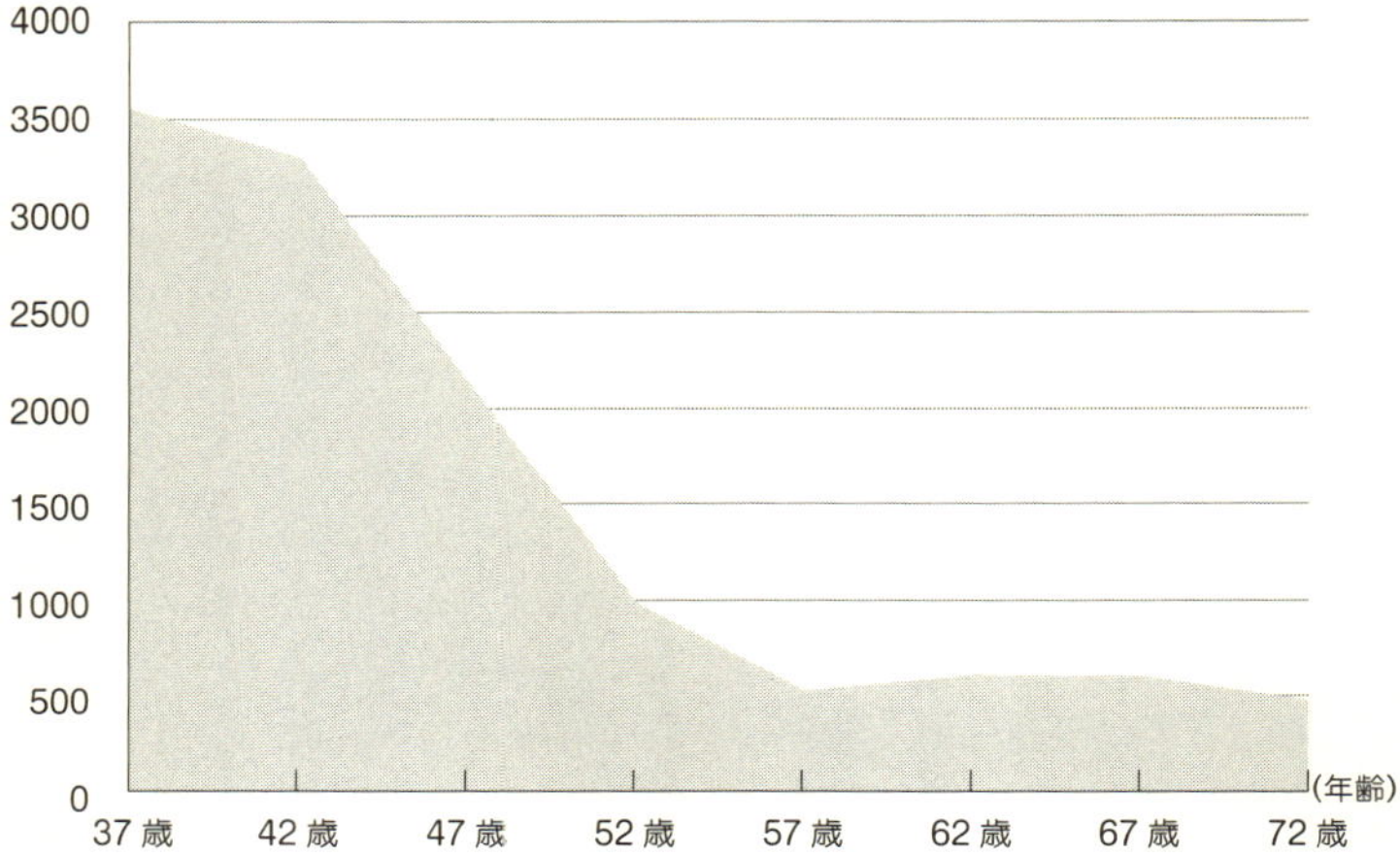

図23 生命保険での理想的な保障額の推移

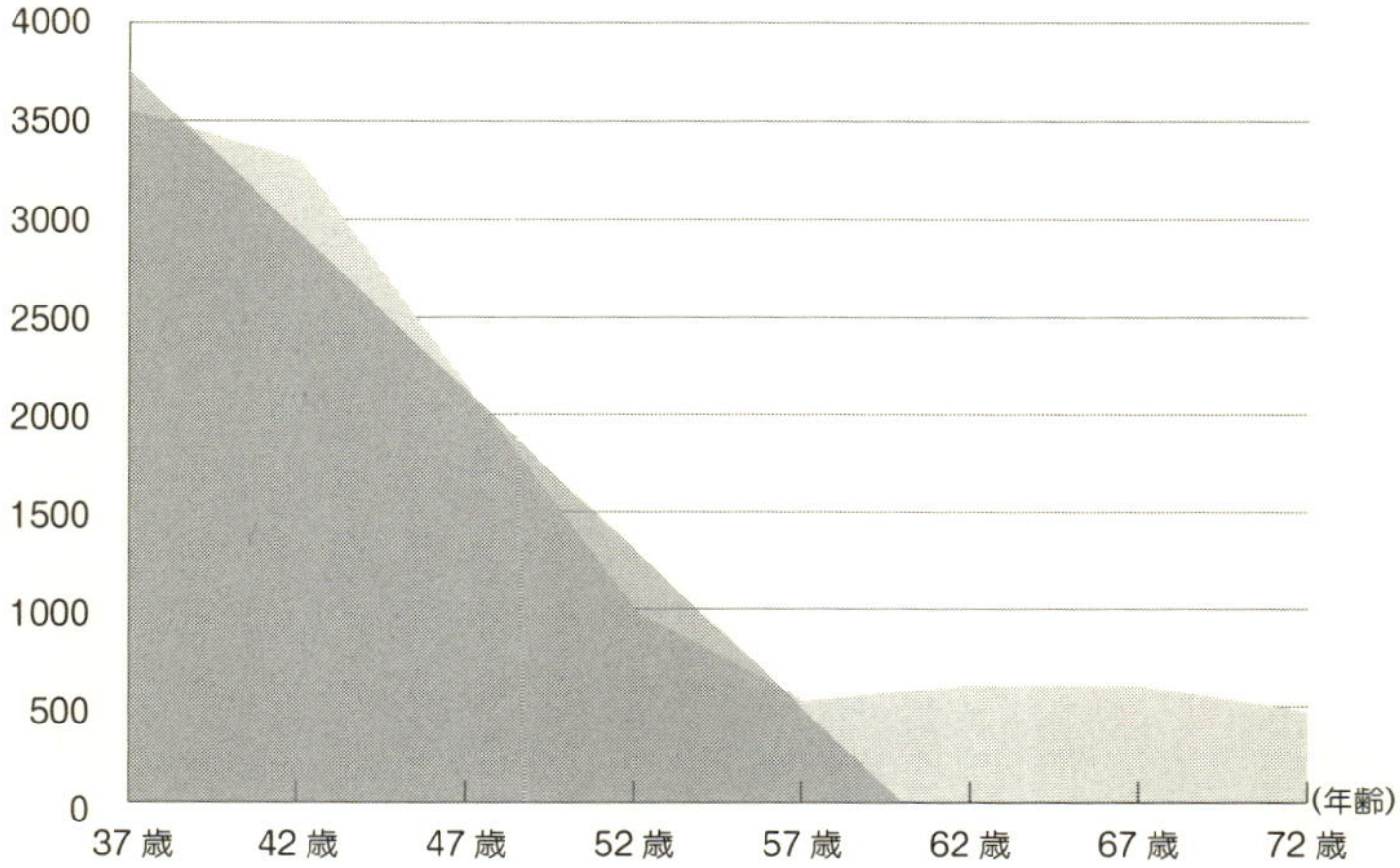

言い方を変えれば、ここまで計算してくれるかどうかが、相談相手にふさわしいかどうかの見極めポイントとなるわけです。

保険でお金を貯めるのは得なのか？

ここまでざっと説明しましたが、保険は掛け捨て型がいいのか積立型がいいのかの結論は、まだ出ていません。保険で準備すべき金額と期間を提示しただけです。

先ほどのケースだと、掛け捨て型の保険で準備すれば、1カ月の保険料は約3650円でまかなえます。積立型の保険であれば、どのくらいの保険料になるのでしょうか？

積立型の保険にもいろいろなタイプがありますが、一番利用されているのが「終身保険」というタイプです。名前のとおり終身（一生涯）保障が続くので、満期が設定され、期限がくるとお金が返ってくるわけではありません。ただ、保障が一生続くということは、必ず保険金を受け取ることができます（もちろん本人が亡くなったあとなので、受け取るのは遺族です）。

保険会社としては必ず支払わなければならないので、そのお金を準備しないといけません。ですから終身保険では「責任準備金」というお金が積み立てられています。もちろん商品ごと

図24 積立型保険(終身保険)の例

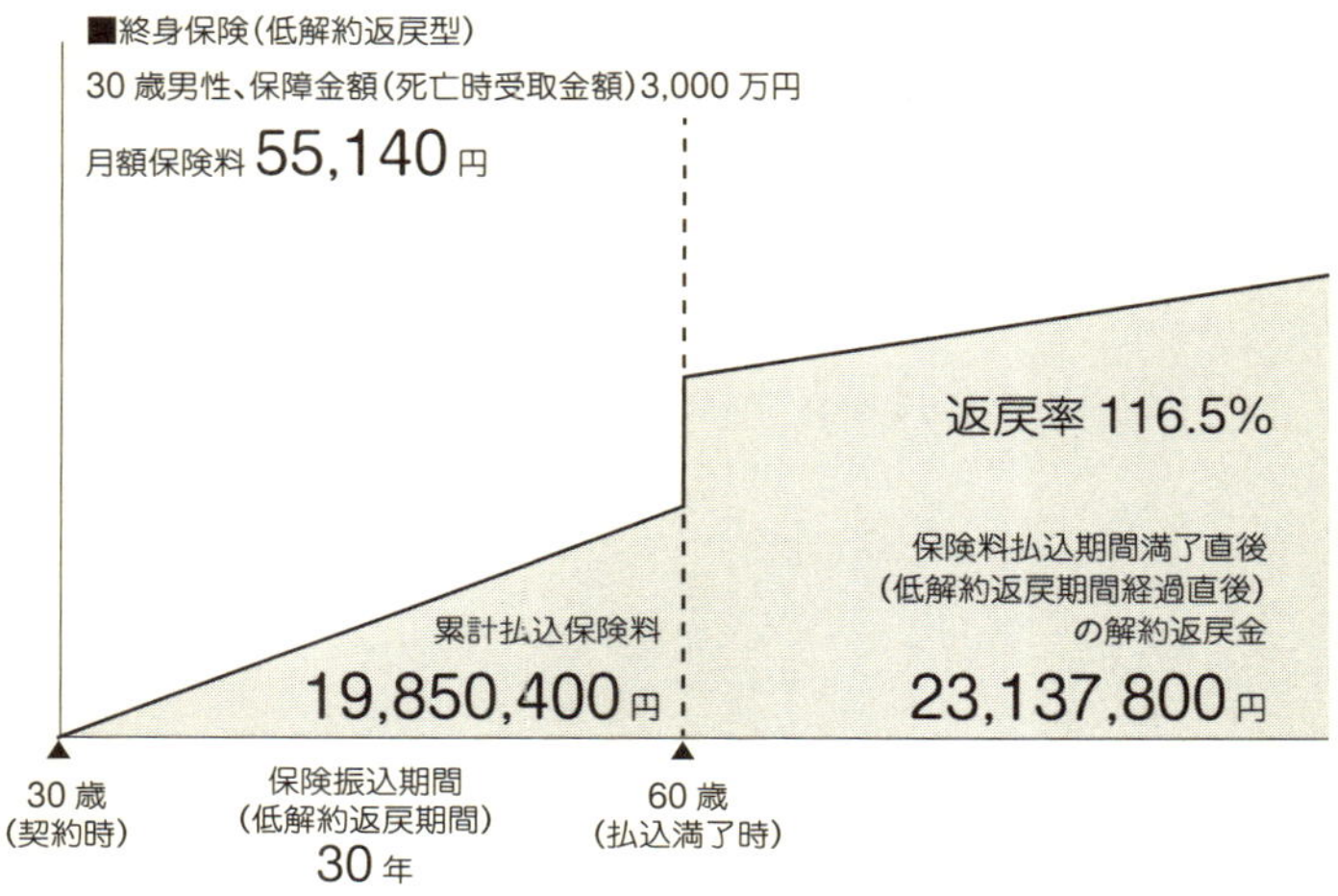

※返戻率(%)は「解約返戻金÷累計払込保険料×100」で計算

に金額の多寡はありますが、積み立てたお金は保険を解約した場合に「解約返戻金」として支払われます。

そのため、貯蓄の効果がある保険として販売されていますし、それを見越して加入している人も多くいます。

終身保険の場合、「低解約返戻金型」が一般的です。これは、保険料払い込み期間中の解約返戻金が低く抑えられる代わりに、保険料が比較的割安になっている保険です。

実際の保険商品に近い例を挙げてみましょう。図24を見てください。

60歳を満了として30歳から30年間保険料を払い込み、死亡時の受取金額が3000万円の終身保険に加入するとします（図21の「万が一のことがあった場合の必要保障額」に基づくと、40歳で死亡した場合の必要保障額は約3000万円なので、それにならっています）。

この場合、保険料を払い込む60歳までが「低解約返戻期間」となり、この期間に解約すると、累計の払い込み金額を下回る金額しか返戻されません。

しかし、払込満了時の60歳まで頑張って払い込み続け、満了直後に解約すると、2313万7800円が返戻されます。60歳までの累計払い込み金額（1985万400円）より、約329万円も多く戻ってくることになります。

ただし、毎月の保険料は5万5140円と高額です。

たしかに積立型の保険が貯蓄の代わりになるというのは嘘ではありません。しかし、「死亡保険」だけに毎月5万5140円の保険料を払う能力がある人はそれほど多くないでしょう。もちろん払えないことをわかっていながら、それをすすめる営業マンはいないと思います。

実は、積立型の保険の多くは「掛け捨て型保険」と「積立型保険」の組み合わせで提案されることが多いのです。

先ほど掛け捨て型のみの生命保険であれば、月額約3650円（30歳男性、65歳までの収入保障保険）の保険料の支払いと述べました。この例に積立型の保険を組み合わせることで、掛け捨

図25 掛け捨て型と積立型の保険を組み合わせた例

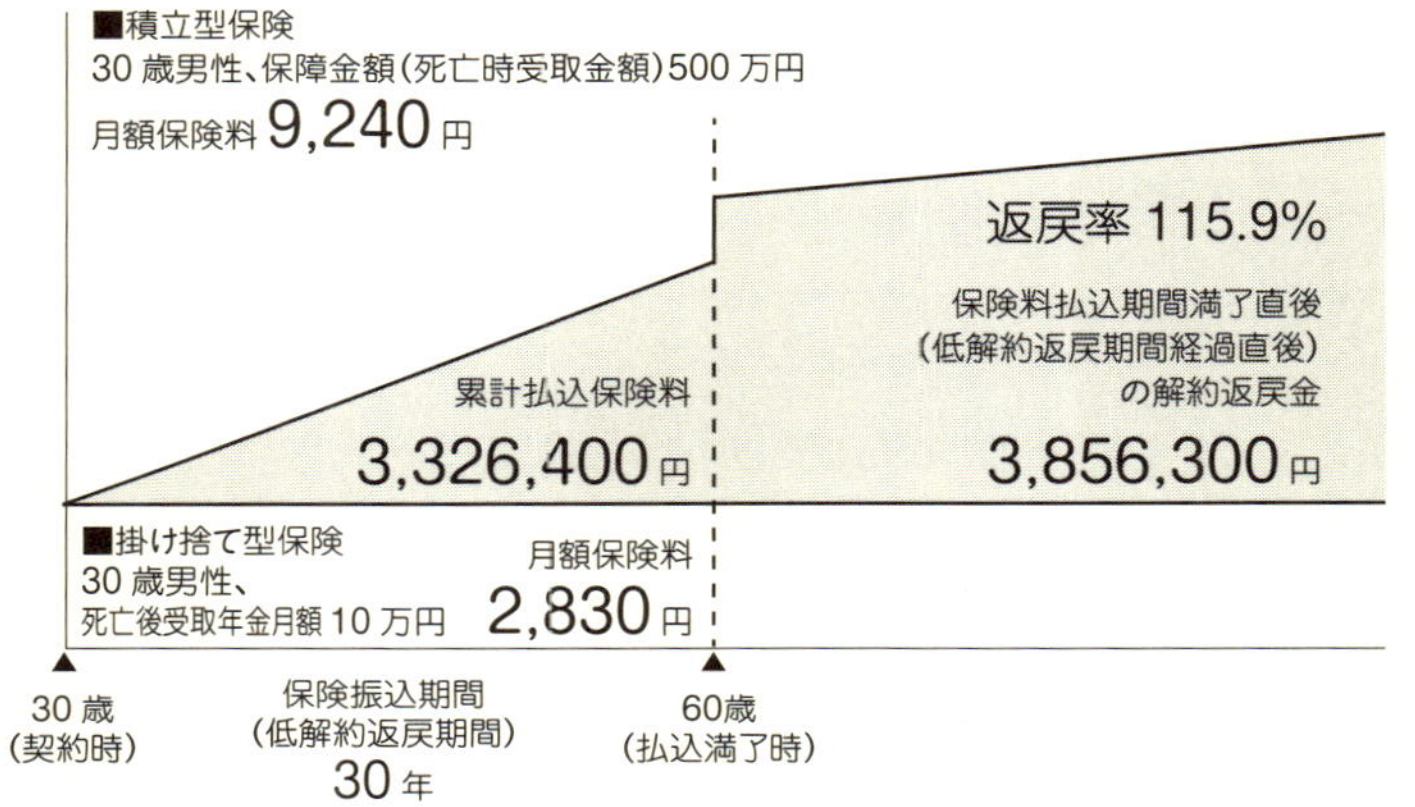

終身保険月払保険料 9,240 円+掛け捨て型保険月払保険料 2,830 円=12,070 円

※返戻率（%）は「解約返戻金÷累計払込保険料×100」で計算

て型の保険料を月額約２８３０円（30歳男性、60歳までの収入保障保険）に減らすことができます。この場合、積立型の保険料が月額約９２４０円となります。図25を見てください。

死亡すると積立型の保障として５００万円、掛け捨て型からは月々10万円の年金を受け取ることができます。掛け捨て型の年金は年間総額１２０万円で、約20年経てば累計で約２５００万円になります。積立型と合わせると、20年で３０００万円。図21に基づく、40歳で死亡した場合の必要保障金額約３０００万円とほぼ同額です。

払込満了後の解約返戻金は、さすがに積立型のみの場合のように払い込んだ金額より329万円も多く戻ってくることはありませんが、それでも約53万円は余分に戻ってきます。

ふたつの保険料を60歳まで30年間払い込むと434万5200円（掛け捨て型分が101万8800円、積立型分が332万6400円）。60歳の保険料払込直後に積立型の保険を解約すると返戻金が385万6300円ですから、実質的に48万8900円が30年間での保険料の負担額となります。

掛け捨て型保険のみの利用であれば、毎月3650円を30年間払い込むと累計で131万4000円になるので、**掛け捨て型のみよりも掛け捨て型と積立型を組み合わせたほうが、80万円以上も得になる計算です。**

こう説明されれば、当然心が動きますよね。しかし、これが成立するのはあくまでも60歳（払い込み満了）まで払い込み続けた場合。先ほども述べたように、終身保険の多くは「低解約返戻金型」なので、途中で解約すれば支払った保険料を大きく下回る返戻金しか支払われません。

保険での貯蓄というのは、長期間お金を保険会社に預けておかなければ結果が反映されません。つまり保険会社に置いておかなければいけない分、手元の貯蓄は乏しくなります。保険料を払い続けることができるのかどうかがポイントとなるわけです。

しかし、この大増税時代に何十年も先の収支を予測することができるでしょうか？

死亡以外のリスクは保険で準備すべき？

手元の貯蓄（流動資金）を増やしておいたほうがいい理由はもうひとつあります。それは、たくさんのリスクに対して、貯蓄で対応できるようにしておくということです。

保険料が高くなる大きな原因として、「特約」というオプション商品がたくさん付いてくる点が挙げられます。

三大疾病にかかった場合、介護状態になった場合、障害状態になった場合など、さまざまなケースを保障する「特約」は、どれも説明を聞けば「なるほど必要かも」と思わせられるものばかりです。

しかし、この「特約」を保険に付加していくと、保険料はどんどん上がっていきます。もちろん保険料が上がれば貯蓄できる金額は少なくなります。

冷静になってよく考えてください。たしかに保険の説明を受けていると、いろいろなリスクに備えなければいけない気になります。

でも、人生で起こる全てのリスクは保険だけで対応できるのでしょうか？

もちろんそんなことはありません。もしかすれば、再びリーマンショックのようなことが起きて、給料がしばらくカットされるかもしれません。また、突然クルマが故障してしまうことも考えられます。これからの大増税時代は、今以上に想定外のリスクが起こりやすいでしょう。**そんな不測の事態に対応できるのは保険ではなく、やはり貯蓄なのです。全てのリスクを保険でカバーしようとは考えないでください**。

とはいえ、保険でリスクをカバーすることを否定しているわけではありません。貯蓄で対応したほうがいいのか、保険で対応したほうがいいのか、判断に迷う場合もあるでしょう。

その判断基準は、「支払った金額に見合った価値があるかどうか」です。

たとえば、「三大疾病定期特約」という「特約」があるとして、毎月4000円の掛け捨て型保険で30歳からスタートし、60歳までに三大疾病になった場合、もしくは60歳までに死亡した場合に500万円を受け取れるとします。30年間での支払い合計は144万円です。あなたにとって、その特約が144万円に見合った価値があるのかを考えてください。親族に三大疾病にかかった人が多いようなら、当然あなたもかかる確率が高くなります。もしものときに500万円をもらえるのは非常に助かるでしょう。

このような考え方でひとつひとつを取捨選択することが、最適な保険選びに重要です。各項をしっかり吟味する必要があります。

生命保険を節約する効果

掛け捨て型の保険を軸に考えることをおすすめするのは、予測不能なリスクに備えるという理由ばかりではありません。

人生における収支をトータルに考える際にも、掛け捨て型の保険は有利に働きます。

一番わかりやすい例では住宅ローンです。

たとえば、これから住宅ローンを組んで家を購入することを検討している家族が、同時に保険の見直しをすすめられているとしましょう。住宅ローンは、3000万円の35年返済、35年固定金利1・5%だったとします。月々の返済額は9万1855円でボーナス返済はなしです。

その家族が、保険の営業マンに先ほど例に挙げた掛け捨て型と積立型を組み合わせた保険への見直しをすすめられました。月額は1万2070円で、掛け捨て型が月額2830円（60歳までの収入保障保険）、積立型が月額9240円という内訳です。しかし本当に見直していいものか迷った家族は、ファイナンシャルプランナーのところに相談へ行きます。

そこでファイナンシャルプランナーからこんな質問をされました。

「もしこの見直しではなく、全部掛け捨て型の保険（3650円。65歳までの収入保障保険）に加

図26 掛け捨て型保険と住宅ローンの組み合わせの例

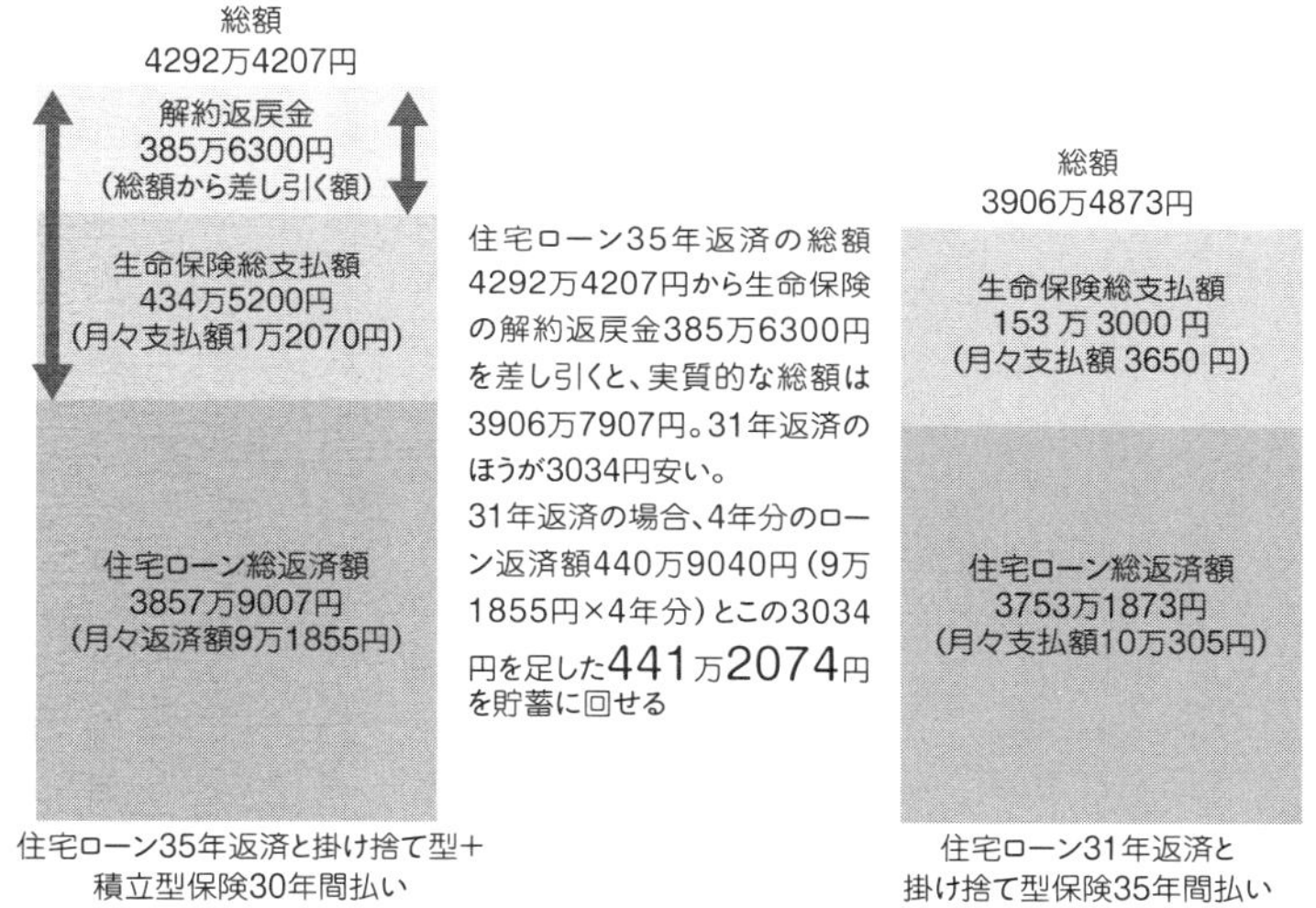

※住宅ローン31年返済の月々支払額はおおよその金額で、あくまで目安
※借入金3000万円、金利1.5％の場合

入し、その差額８４２０円を住宅ローン返済（月額９万１８８５円）に充当するとどうなると思いますか？」

さらにファイナンシャルプランナーは続けます。

「実は、そうすると４年早く住宅ローンが終わります。35年ではなく、31年で住宅ローンが終わるのです。４年早く返済できれば、その４年分の返済額を貯蓄に回せます。月額９万１８８５円の４年分の合計は４４０万円以上。実質的に４４０万円以上も得になるのです。このように住宅ローンまで考慮するとその差は歴然ですね」

図26を見てください。この家族は、当然掛け捨て型のみの保険を選びました。

もちろんこれは、ほんの一例です。このようなパターンばかりでもありません。しかし、意外にも積立型保険に無理に加入して「マイカーローン」を組んでいる人や、銀行の総合口座が常にマイナスになっている人が多いのです。

保険で損をしないことが、人生における優先順位の第1位ではないはずです。人生の収支をトータルに計算した上で保険を考える――これを行うことによって、自分にとって最適な保険を選択することができるのです。

医療保険は本当に必要？

このところ、テレビや雑誌、クレジットカード会社からの案内などで、医療保険の宣伝をよく目にします。数ある医療保険のなかから、どのような商品にどのくらい加入すればいいのか、悩んでいる人も多いでしょう。

保険会社のパンフレットには、1回の入院にかかる費用や、一日あたりに必要な入院日額などの説明にびっくりするような金額が記載されています。そのような金額は本当に必要なのでしょうか？

その疑問に対する回答は、日本の社会保障制度にあります。日本は米国などと異なり、「国民皆保険制度」が布かれています。基本的には全ての国民が何らかの公的保険に加入しているのです。この制度によって、私たちが病院で治療を受けた際、医療費の70％は私たちが毎月払っている社会保険料と国の税金でまかなわれ、自己負担は30％で済んでしまいます。

しかも、その30％の自己負担にも、「高額療養費」という上限があります。**「高額療養費」とは、同一月（1日から月末まで）にかかった医療費の自己負担額が高額になった場合、一定の金額（自己負担限度額）を超えた分が、あとで払い戻される制度のことをいいます。**

要するに、どんなに医療費がかかり、自己負担金額が多くなったとしても、一定金額以上は後日払い戻されるのです。それどころか、高額な医療費が見込まれる場合は、事前に申請しておけば、高額療養費を考慮した自己負担金額しか支払わなくてもいい制度になっています。

保険会社のパンフレットに載っている金額は、実はこの「高額療養費」を適用する前の金額なのです。

高額療養費を前提に考えれば、1カ月に必要な医療費は、せいぜい10万円程度。また、入院中の病院食の費用も健康保険から支給される「入院時食事療養費」が適用されるので、一般の人であれば負担額は一食につき360円で済みます（2018年4月以降は1食につき460円）。一日3食で1080円ですから、1カ月入院しても3万2400円。その他の経費を加えても

15万円程度あれば事足りることになります。

当然個室の病室に入れば、個室代もかかるし、入退院にタクシーを利用すればタクシー代もかかるでしょう。でもそんな費用まで、保険で準備するという考え方はどうでしょうか？ **負担になる医療費を保険で補いたいというのなら、入院日額5000円もあれば充分です。**

とはいえ、入院すると必要な費用は、医療費だけとはいいきれません。**医療保険に加入する目的として、医療費の支払い以外に、入院することによって失ってしまう収入の補填があります。**

会社によって異なりますが、入院時の収入については、一般的に公務員や大企業に勤めている人は、ほとんど気にする必要はありません。なぜなら会社の福利厚生がしっかりと行き届いているので、入院したからといって給料がもらえなくなるといったことはないからです。

問題は中小企業のサラリーマンと自営業者です。

サラリーマンであれば、大企業・中小企業を問わず、入院した場合には4日目以降に最長1年6カ月間、給料（正確には標準報酬日額）の3分の2程度の額を社会保険から傷病手当金として受給することができます。

しかし、自営業者（国民健康保険加入者）には、傷病手当金の支給はありません。ですから、入院すると無収入になってしまう可能性があります。

この点を考慮すると、中小企業勤務の人は入院日額7000円程度の医療保険への加入を、自営業者は入院日額1万円程度の医療保険への加入を検討してもいいかもしれません。


こうやってリスクばかり考えていくと、だんだん不安になってきますよね。でも、私自身はこの医療保険ですら「本当に必要なのだろうか?」と考えてしまうのです。

もし、病気で1年間入院したとしましょう。1年の入院といったらかなり重い病気ですよね。先ほどの計算で1カ月にかかる医療費が15万円。これが4カ月目から高額療養費の関係で10万円程度にまで下がるので、1年間の合計が135万円。この間は収入が3分の2になってしまうので、年収500万円と仮定すれば、減少した収入は167万円。負担する医療費との合計金額が約300万円となります。

1年間で300万円ものお金が必要となる状況は、当然人生において一大事です。でも、冷静に考えれば300万円の預金が常時あれば、医療保険に入る必要がないとも考えられます。

いわゆる「生活防衛資金」というものです。

年収ぐらいの貯蓄があれば、たいていのリスクには対応できるものです。過剰に不安になり、掛け捨ての医療保険にたくさんのお金を費やすことはセンスのある行動とはいえません。

私自身は、最低限の保険があれば、医療保険にそれほどお金を使う必要はないと思っています。

医療保険は、入院・手術の給付金がメインの商品です。自宅療養の給付金が出るものが現時点ではほぼありません。ましてや、医療保険は、介護状態になった人への給付を対象とはしていません。介護も行っている一定の施設への入所以外は、入院給付金の対象とはなっていないのです。

しかし、実際は自宅静養や介護に関わるお金のほうが、家計には大きな負担となります。このリスクに対しては現状では現金預金で対応していくしかないのです。

消費増税で保険料は上がるの？

二度に渡って延期された消費税率10％への引き上げですが、今のところ２０１９年10月からの導入が予定されています。まだ先の話とはいえ、保険を見直すことになったとすれば、消費増税の前とあとのどちらで見直すほうが得なのかと考える人もいるでしょう。

模範的な回答すれば、「生命保険」も「損害保険」も消費税の増税に伴う保険料の増額はありません。

実は、毎月支払っている保険料にはもともと消費税がかかってないのです。もちろん保険会社から支払われる保険金にも消費税はかかりません。

もともと消費税の対象になっていないのですから、増税になっても保険料が増額されるわけではないのです。

とはいえ、これは真実だとばかりはいえません。たしかに増税を機に保険料が直接上がることはないでしょう。しかし、保険会社のあらゆる経費は、当然消費増税を機に値上がりします。代理店手数料や店舗物件にかかる経費、広告費など、保険会社の事業にはさまざまなコストがかかっており、そのほとんどが増税によりアップします。影響がないなんてことはありません。

一般社団法人日本損害保険協会（以下、日本損害保険協会）は、消費税が8％から10％になった場合、自動車の修理費用や代理店手数料などの値上がりによって、業界全体で約1800億円の負担増が発生すると試算しています。**この経費の増加を保険料の値上げによってカバーしようというのは簡単に予測できるでしょう**。

消費税が5％から8％に増税された段階で、各社は損害保険料を平均で2％前後引き上げました。もちろんこの値上げは、消費増税の影響だけではありません。高齢ドライバーの増加や天災の増加なども考慮されてのことです。

生命保険については、8％への増税で、損保のように目立った値上がりはありませんでした。

しかし、経費増加という状況は、損保と変わりません。消費税が10％に引き上げられた場合、どこかのタイミングで保険料の値上げ、もしくは保険内容の簡素化が行われる可能性は高いのです。

他の商品のように、増税と同時にすぐに上がるということはないですが、保険内容を見直すなら、あまりゆっくりしてはいられなさそうです。

だからといって基礎知識もないまま、いきなり保険営業マンや販売員のところに行き、保険を見直す相談をするのは危険です。くれぐれも止めてください。大増税時代を乗り切るため、無駄のない保険を考えなければいけないのに、無駄だらけの保険に入ってしまうことになりかねません。

共働きは保険がいらない？

第2章では、家庭の収入を増やす方法のひとつとして「共働き」を挙げました。

実はこの共働き、収入を増やす以外に生命保険の保険料を減らすことができるという意外な効果があります。

もともと日本の生命保険の加入スタイルというのは、一般的には旦那さんが万が一のときに、残された家族の収入がなくなってしまうことを前提につくられています。つまり、旦那さんのみが家計を支えているということが前提だったのです。

しかし、奥さんも家計の担い手となっている共働きの場合では、その前提が変わってしまいます。それにもかかわらず、共働きを前提とした保険はほとんど提案されていません。それどころか、収入に比較的ゆとりのある共働き家庭では、そうでない家庭に比べて、保険料が高くなるという傾向にあります。

それでは、どうして共働きの場合は生命保険料金を減らすことができるのでしょうか?

理由はふたつあります。**それは旦那さんが亡くなったことによる収入と、旦那さんが亡くなったことによる支出です。**

旦那さんが亡くなったことによる収入とは、「遺族年金」です。

遺族年金には国民年金から支給される「遺族基礎年金」と厚生年金から支給される「遺族厚生年金」があります。遺族基礎年金が残された18歳未満の子どもに対して支給されるのに対して、遺族厚生年金は残された奥さんを支給の対象にしています。

この遺族年金の種類と支給額をまとめたものが図27です。

図27 遺族年金の種類と支給額

		夫が自営業	夫が会社員 平均標準報酬額 25万円	夫が会社員 平均標準報酬額 35万円	夫が会社員 平均標準報酬額 45万円
		遺族基礎年金	遺族基礎年金＋遺族厚生年金		
子どものいる妻	子どもひとり	月額約8.3万円（年額100万4600円）	月額約11.7万円（年額140万5390円）	月額約13.0万円（年額156万5706円）	月額約14.3万円（年額172万6022円）
	子どもふたり	月額約10.2万円（年額122万9100円）	月額約13.5万円（年額162万9890円）	月額約14.9万円（年額179万206円）	月額約16.2万円（年額195万522円）
	子ども3人	月額約10.8万円（年額130万3900円）	月額約14.2万円（年間170万4690円）	月額約15.5万円（年額186万5006円）	月額約16.8万円（年額202万5322円）
子どもがいない、もしくは子ども全員が年度末までに18歳以上になっている妻	妻が40歳未満の期間	支給なし	遺族厚生年金		
			月額約3.3万円（年額40万790円）	月額約4.6万円（年額56万1106円）	月額約6.0万円（年額72万1422円）
	妻が40歳〜64歳の期間	支給なし	遺族厚生年金＋中高齢寡婦加算（年額 58万5100円）		
			月額約8.2万円（年額98万5890円）	月額約9.5万円（年額114万6206円）	月額約10.8万円（年額130万6522円）
	妻が65歳以上の期間	妻の老齢基礎年金	妻の老齢基礎年金＋遺族厚生年金		
		月額約6.5万円（年額78万100円）	月額約9.8万円（年額118万890円）	月額約11.1万円（年額134万1206円）	月額約12.5万円（年額150万1522円）

※子どもとは、18歳到達年度の末日までの子ども、または20歳未満で1級・2級の障害状態にある子どものこと
※一定の条件を元に算出した目安額であり、実際の支給額ではない
※日本年金機構の遺族基礎年金、遺族厚生年金に関する公表データを元に独自に計算、作成

図27を見るとわかるように、子どものいるサラリーマン家庭の場合では、子どもが18歳になるまでは、旦那さんの生前の手取り収入の4割から5割程度は遺族年金で確保できる計算になります。

次に支出です。旦那さんがいない分、まず生活費が減ります。

旦那さんが生きているときの約80%になると考えてください。これはあくまでも簡易的な計算です。クルマが1台不要になればその分の維持費もなくなります。もちろん携帯電話も1台少なくなりますし、旦那さんのお小遣いも必要ありません。逆に水道光熱費などはあまり変わらないでしょう。このように、ひとつ

ひとつの項目を精査する必要はあるものの、生活費が減ることはあっても増えることはありません。

そして、一番大きく減る支出項目が住宅ローンです。

ほとんどの家では、旦那さんがメインとなって住宅ローンが組まれています。住宅ローンを借りるときには、「団体信用生命保険」という「メインでお金を借りている人が亡くなった場合、残りの住宅ローンはチャラにします」という内容の保険に加入させられます。ですから旦那さんが亡くなると、住宅ローンの支払いが家計から消えるのです。家計の20%近くを占めている住宅ローンの返済がなくなるのですから、負担は大きく軽減されます。

こうして遺族年金の収入と減少する家計費を考慮すると、保険で準備しないといけない保障額というのはほとんど発生しないのです。

むしろ住宅ローンの話でいえば、旦那さんが亡くなった場合にはローンの返済がなくなりますが、奥さんが亡くなった場合はどうなるのを考えたほうが賢明です。これは「団体信用生命保険」の加入方法によって結果が異なるのですが、主なパターンでは奥さんが亡くなっても住宅ローンは全額残ります。

「共働き」を前提に住宅ローンを返済する計画を組んだご夫婦は、旦那さんが亡くなったとき

よりも、奥さんが亡くなった場合に家計が大変になるケースが多いのです。

これはつまり、奥さんに必要保障が発生することになります。「それじゃあ奥さんの生命保険が増える分、共働きでも生命保険の保険料は変わらないじゃないか？」と思う人もいるかもしれません。しかし、死亡保険については、女性のほうが男性に比べて保障額が安いので、保険料もそれほどの増加にはなりません。

ともあれ、共働き夫婦の保険の入り方は、全く異なる形になるでしょう。「どちらかが亡くなった場合に、家計にはどんな影響がいくらぐらい生じるのか？」を計算し、保険に加入するか否かを選択するのが、大増税時代におけるスタンダードな生命保険加入方法です。

第4章

家は買うべき？買うならいつ？

賃貸か？　マイホームか？

「家は買うべきか？　買うならいつか？」というのは、今後の人生を最も左右する選択だといっても過言ではありません。

家計において、住宅費用は税金・社会保険料に次ぐ支出額です。自分の力でコントロールできる支出のなかでは、一番金額が大きいといってもいいでしょう。

「住宅費用、とくに住宅ローンなんか、支出のコントロールをしようがないじゃないか」という意見もありそうですが、そんなことはありません。対策はあります。

もちろん、すでに住宅ローンを組んでしまっている人は、どうしてもその選択肢が少なくなってしまいますが、それでも方法はあります。

また、これから住宅を購入するのであれば、消費税率8％から10％への引き上げがいったん延期されたのですから急ぐ必要はありません。じっくり検討すればいいのです。

では、まずは「そもそも住宅を購入すべきかどうか」という点から考えてみたいと思います。

皆さんはよく「家賃を資産に換えましょう」という言葉を耳にすると思います。

「家賃を払っていても自分のものにはなりません。それなら家を購入して、家賃の代わりにローンを払いましょう」といった、住宅の営業マンが語る典型的な営業トークです。

住宅を購入する人の多くは、「家賃はもったいない。それならローンを」と考えるようです。

私は過去の著書のなかでこれまで何度も「賃貸と住宅ローンどちらが得？」という話をしてきました。本書においても分譲マンションと賃貸住宅でその損得を計算してみます。

以下に事例を挙げてみました。ここでは、都心部における似たような間取りの分譲マンションと賃貸住宅を念頭に比較しています。物件価格や家賃は、当然立地や条件によって異なります。あくまでも目安として見てください。

【分譲マンション（35年ローン）】

物件価格（諸経費込み）：４５００万円

［頭金］５００万円

［総返済金額］約５３７０万円

・住宅ローン：４０００万円（フラット35。固定金利２・00％）

・毎月の返済額：14万４３６９円

【管理費＋修繕積立金（35年間）】１０５０万円
・管理費：月額１万５０００円
・修繕積立金：月額１万円
【固定資産税（35年間）】約５００万円
【修繕費】約３００万円

総額（頭金＋総返済金額＋管理費・修繕積立金＋固定資産税＋修繕費）
７７２０万円

【賃貸住宅（35年間居住）】
３ＬＤＫの新築アパート
・家賃：月額17万円
・敷金２カ月／礼金２カ月
・35年間で３度住み替え
【家賃総額（35年間）】６７２０万円
【敷金／礼金総額（３回分）】２０４万円

総額（家賃総額＋敷金／礼金総額）
6924万円

この事例では、住宅ローンの支払い期間である35年で比較すると、実は約800万円ほど、賃貸住宅のほうがお金のかからないことがわかります。

もちろん35年後に800万円以上の金額で住宅が売却できれば、住宅購入という資産運用は成功となるわけですが、実際は35年後には多くの人が定年退職しているため、その時点でマンションを売却して賃貸に移り住もうと考える人は少ないでしょう。

ローン完済以降も、住み続けると考えている人のほうが普通でしょうから、そこまでシミュレーションしてみるとどうなるでしょうか？

先ほどの事例を基に、30歳で分譲マンションを購入し、80歳までそのマンションで生活し続けると想定して、同じ50年間を賃貸住宅で生活し続ける場合と比較してみます。

【分譲マンション】
物件価格（諸経費込み）**：4500万円**

【頭金】５００万円
【ローン返済】約５３７０万円
【管理費・修繕積立金50年】１５００万円
【固定資産税50年】約６００万円
【修繕費】約３００万円
【リフォーム費用】約６００万円

総額（頭金＋ローン返済＋管理費・修繕積立金＋固定資産税＋修繕費＋リフォーム費用）
約８８７０万円

【賃貸住宅】
３ＬＤＫの新築アパート（定年後は家賃の安い物件に引っ越し）
・30～65歳まで、家賃：月額16万円
・定年後（65歳以降）、家賃：月額10万円
・敷金２カ月／礼金２カ月
・50年間で５度住み替え

【家賃総額（50年間）】8520万円（6720万円＋1800万円）
【敷金／礼金総額（5回分）】284万円（204万円＋80万円）
総額（家賃総額＋敷金／礼金総額）
8804万円

分譲マンションの場合、購入から35年後にリフォームすると想定して、600万円を考慮してみました。これで比較してみるとどうでしょう。

分譲マンションに50年住んで、やっと賃貸住宅とコスト的に並びます。つまり、住宅を購入した場合、50年以上住んで初めて元が取れるということになるのです。

正直、これが住宅購入の現状です。購入のほうが絶対有利になるということはありません。しかし、住宅購入が賃貸よりも優れている点はあります。すでに第3章でも触れましたが、ローン返済中に返済をしている人が亡くなった場合です。

住宅ローンには、原則として「団体信用生命保険」という生命保険が付いています。これは、住宅ローンの返済期間中に返済している人が亡くなった場合、残りの返済額を相殺してくれるという保険です。つまり、住宅ローンの契約を結べば、その翌日に亡くなったとしても住宅ローンはチャラ。残された家族に家が残るのです。

賃貸の場合、そのまま家賃を払い続けなくてはいけないのに対して、住宅ローンは完済状態というこの点についてのみいえば、住宅購入のほうが賃貸よりも優れています。

「マイホーム」はどのタイミングで買うべきか？

住宅購入にはメリットがあるものの、絶対的なメリットがないことをご説明しました。とはいえ、日本人なら「子どもができれば家が欲しい」と思うのも当然です。

では、家を購入する場合に気を付けないといけないポイントは何でしょうか？

今のところ2019年10月からの導入が予定されている消費税率10％への引き上げの動向を見極めるという意見や、2020年の東京オリンピックへ向けた不動産価格の変化が選択のポイントとなるという話が出ています。

最初に、「マイホームを購入するのであれば、本当に消費増税前のほうがいいのか？」という疑問から解決していきましょう。

2014年に消費税率が5％から8％に増税された際には、すごい勢いで駆け込みでの住宅購入がありました。ですから8％から10％に増税されるときにも、ある程度の駆け込み需要は予測できます。

2％の違いといえども、住宅のような高額消費の場合は増税による差額も大きくなります。3000万円の住宅だと、住宅価格にかかる消費税の金額を考えると、8％と10％では60万円もの違いになるわけですから、インパクトが大きいですよね。当然増税前に購入する人がいるのも理解できます。

しかし、その一方で、「駆け込み需要の緩和策として、国が施策を行っているので、増税後の購入でも損しないのでは？」「駆け込み需要で住宅価格が高止まりするので、増税後のほうが値段は下がるのでは？」という質問に代表されるような「増税後のほうがいいのでは？」という意見も耳にします。本当はどちらのほうがよいのでしょうか？

では、増税に合わせた国の駆け込み需要緩和策から順番に見ていきます。

「すまい給付金」とは？

「増税後に住宅を購入したほうが、多くのお金がもらえる？」

そんな気がしてしまうのが、この「すまい給付金」という制度です。

図28「すまい給付金」の給付額の計算方法

給付額	＝	給付基礎額 収入額の目安(都道府県民税)の所得割額で決定	×	持分割合 不動産の登記事項証明書(権利部)で確認

消費税 8%の場合

収入額の目安	都道府県民税の所得割額	給付基礎額
425 万円以下	6.89 万円以下	30 万円
425 万円超 475 万円以下	6.89 万円超 8.39 万円以下	20 万円
475 万円超 510 万円以下	8.39 万円超 9.38 万円以下	10 万円

消費税 10%の場合

収入額の目安	都道府県民税の所得割額	給付基礎額
450 万円以下	7.60 万円以下	50 万円
450 万円超 525 万円以下	7.60 万円超 9.79 万円以下	40 万円
525 万円超 600 万円以下	9.79 万円超 11.90 万円以下	30 万円
600 万円超 675 万円以下	11.90 万円超 14.06 万円以下	20 万円
675 万円超 775 万円以下	14.06 万円超 17.26 万円以下	10 万円

※2016年9月時点の情報
※給付基礎額を決定する収入額の目安は、市区町村が発行する課税証明書に記載される都道府県民税の所得割額で確認できる
※課税証明書は、市区町村によって名称が異なる場合がある
※神奈川県は他の都道府県と住民税の税率が異なるため、所得割額が上図とは異なる

国が駆け込み需要の緩和策の目玉として打ち出した政策で、２０１４年４月から はじまり、２０１９年６月まで実施されることになっていました。

制度の概要は、引き上げられた消費税率が適用される住宅を購入する場合、その住宅取得者にかかる経済的負担を軽減するために、購入者の所得に応じて「現金」が給付されるというものです。

消費税率が８%から10%に引き上げられるタイミングが延期されたため、それに対応して、現状の制度内容がどのように変更されるのかについては、本書の執筆時点（２０１６年９月）では決まっていません。今後の国会の動向によるということを留意してください。そのため、こ

図29 「すまい給付金」の対象となる収入期間

引き渡し時期(月)	2014年		2015年		2016年	
	4～6月	7～12月	1～6月	7～12月	1～6月	7～12月
課税証明書発行年度	2013年度	2014度		2015年度		2016年度
対象となる収入期間	2012年(1～12月)	2013年(1～12月)		2014年(1～12月)		2015年(1～12月)

引き渡し時期(月)	2017年		2018年		2019年
	1～6月	7～12月	1～6月	7～12月	1～6月
課税証明書発行年度	2016年度	2017年度		2018年度	
対象となる収入期間	2015年(1～12月)	2016年(1～12月)		2017年(1～12月)	

※2016年9月時点の情報
※2014年4月に住宅の引き渡しを受ける場合、2013年度の課税証明書(証明されるのは2012年の収入)の所得割額により給付金を算定
※国土交通省「すまい給付金」ホームページの公表データを基に作成

こから は２０１９年10月に延期されることが見込まれる消費税率アップを前提として、公表された情報を基に話を進めていきます。

図28は「すまい給付金」の給付額の計算方法を示したものです。

給付金額は、消費税率８％で購入した場合よりも、10％で購入した場合のほうが多くなることがあります。それを考えると、購入するタイミングに迷いが生じてしまいますよね。

しかし、その質問を住宅の営業マンにぶつけてみても、「それを考慮しても増税前に購入したほうが得ですよ」というだけでしょう。

「すまい給付金」を考慮に入れると、消費増税前と消費増税後の購入では、いったいどちらのほうが得なのでしょうか？

制度のより具体的な解説も含めて、大きく3つのポイントに絞って考えていきます。

「すまい給付金」のポイント①　収入の基準

図28を見るとわかるように、収入の区分によって給付される金額は異なります。しかし、これには注意が必要です。

収入額は、給付金額を決定する際の目安でしかなく、給付金額を本当に決定するのは、「都道府県民税の所得割額」だということです。

いきなりこの名称を出されて「なんだ、それ？」と思われるでしょう。

「都道府県民税の所得割額」とは比較的なじみがある言葉でいえば「住民税」のことです。住民税は、「市町村民税」と「都道府県民税」とを併せた通称なのです。

つまり、ここでの注意点は、収入額が同じでも、もらえる給付金額は異なる可能性があるということです。

都道府県民税の所得割額というのは、共働きかどうかや子どもの年齢・人数などによって変わります。要するに、正確な金額は各都道府県の市区町村で発行している課税証明書というのを取得しないとわかりません。

ただし、簡易的な計算であれば、国土交通省が運営する「すまい給付金」のホームページ（http://sumai-kyufu.jp/simulation/）で見積もることができます。

「すまい給付金」のポイント②　持分割合

「すまい給付金」の計算には、建物の登記上の持分割合も基準となります。

たとえば、建物の登記上の持分割合は夫が60％、妻が40％で、年収は夫が５００万円、妻が３００万円だとしましょう。

図28を見てください。消費税８％の場合、年収５００万円の夫の給付基礎額は10万円、年収３００万円の妻の給付基礎額は30万円です。給付額は給付基礎額×持分割合で算出されるので、夫の給付額は10万円×60％＝６万円、妻の給付額は30万円×40％＝12万円となります。合計すると、18万円です。

もし登記上の持分が夫１００％だったとすると、給付金は10万円でしかありません。

平たくいうと、年収の低い妻の持分割合の比率を高くしたほうが、給付額が多い計算になるのです。なお、持分割合については、不動産の登記事項証明書（権利部）で確認することができます。

もちろん、「すまい給付金」を多くもらうために持分登記を調整すると、その他のことに支障をきたす場合があるので、有利なことばかりではありません。注意してください。

「すまい給付金」のポイント③　いつの年収なのか？

最後のポイントは、「いつの年収を基準にして、給付額を計算するのか？」です。

図29の表を見てください。なんだかわかりにくいですよね。

簡単にいえば、住宅の引き渡しが1月から6月までの期間であれば、前々年の収入を基準とした「都道府県民税の所得割額」を基に、「すまい給付金」の給付額を計算するということです（引き渡しが7月から12月であれば、前年の収入を基準とした「都道府県民税の所得割額」）。

つまり、産休・育休、残業の多寡などで、前年と前々年の収入が大きく変わってしまうというケースでは、住宅の引き渡しを受ける時期によって有利不利が発生してしまうということになります。

とくに、奥さんが産休や育休などを取って年収が大きく変わった場合は、注意が必要かもしれませんね。

ここまで3つのポイントを挙げて、「すまい給付金」を考えてみました。

図30　1000万円と1500万円の住宅を例にした消費税と給付金

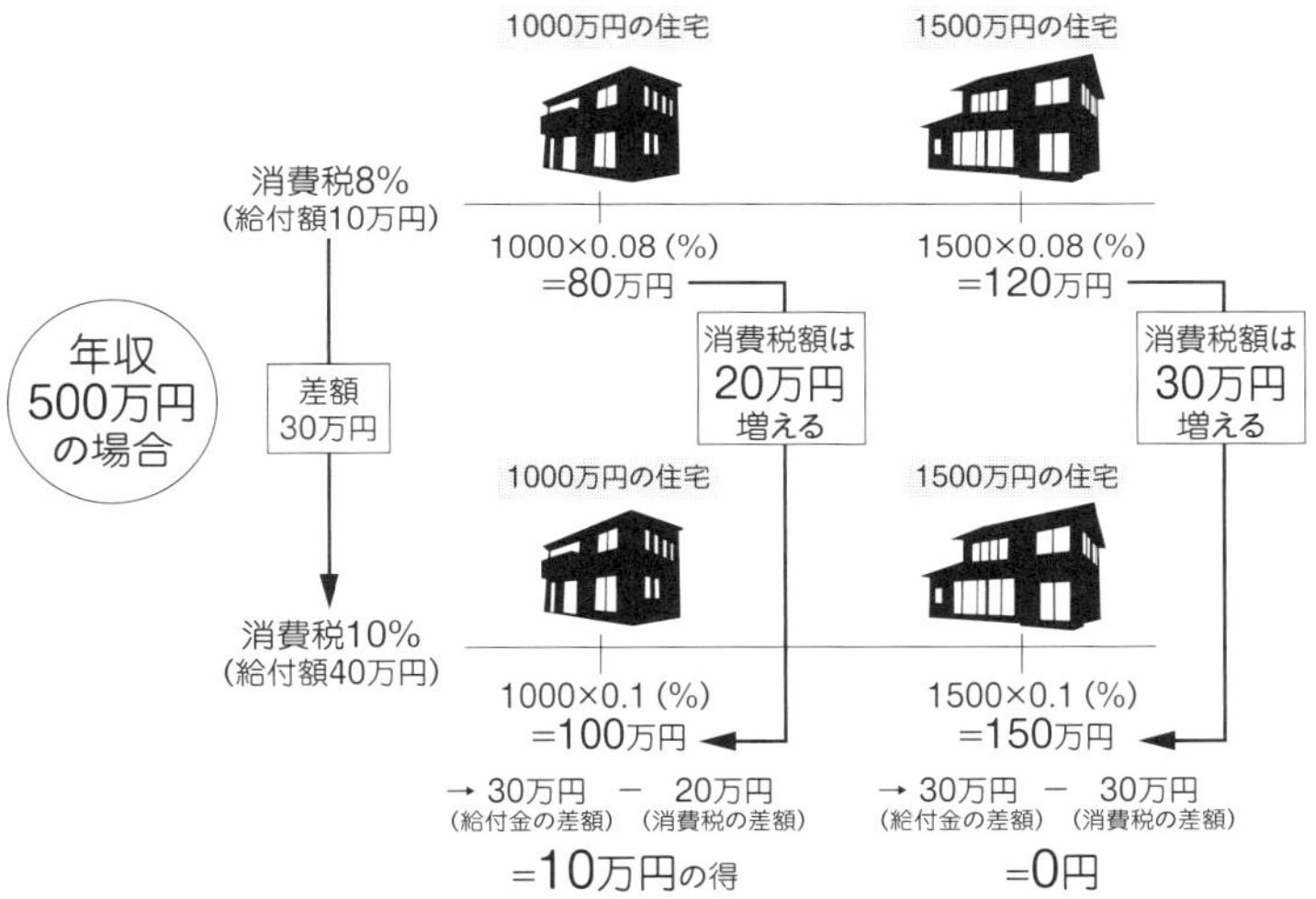

各ポイントの解説を読んで、住宅の営業マンがいうように、消費税率8%から10%引き上げ後に家を購入して「すまい給付金」をもらっても、「あまり得にはならなさそう」と感じた人もいるでしょう。しかし、図28をよく見てください。

消費税8%の場合と、消費税10%の場合では、「収入額の目安」が違うのがわかりますよね。8%では3段階にしか分かれていませんが、10%では5段階に分かれています。

見比べると、年収によっては消費税率8%と10%では、給付基礎額に最大30万円の差が出ています。持分割合を考慮に入れなければ、給付基礎額がそのまま「すまい給付金」の給付額となるので、この差は大きいでしょう。

たとえば、年収500万円の人では、8％の場合は10万円の給付額なのに対して、10％の場合だと40万円の給付額ということになります。

このように、消費税率が8％から10％に引き上げられたとき、給付額が30万円も得するのは、「475万円超510万円以下」と「450万円超525万円以下」という区分にある収入額（年収）です。

この範囲の年収の場合、1500万円までの住宅建物であれば、10％になってからのほうが有利になる計算になります（図30参照）。

「1500万円では家は買えないから、やっぱり関係ないや」とは思わないでください。

たとえば、3500万円の建売住宅があったとします。土地代が2000万円、建物代が1500万円という内訳だとしたら、消費税8％から10％への2％の増税で増える税額はいくらでしょうか？

もちろん、3500万円×2％＝70万円ではありません。答えは、1500万円×2％＝30万円です。そうですよね、土地には消費税はかからないからです。

このように冷静に考えれば、場合によっては消費税10％後に購入したほうが有利になることもあり得るのです。

知らないと大変！　両親からの資金援助

国は消費増税を進める一方で、増税によってとくに不利益を被る人に対して、「すまい給付金」のような救済策をさまざまな形で用意しています。

住宅に関しては「すまい給付金」以外にも、「贈与税の非課税枠の拡大」が挙げられます。

なお、こちらも「すまい給付金」同様、消費税率が８％から10％に引き上げられるタイミングが延期されたため、現状の制度内容がどのように変更されるのかについては、本書の執筆時点（２０１６年９月）では確定していません。そのため、本書執筆時点での制度内容で解説していきます。

「贈与税の非課税枠」といわれても、この言葉だけで難しそうな気がしますね。

まず「贈与税」というのは、たとえ肉親であっても誰かから年間で１１０万円を超えるお金をもらった場合、その金額に対してかかる税金です。

そして、「贈与税の非課税枠」というのは、簡単にいえば「住宅購入にあたり、祖父母や両親などからお金をもらった場合、上限として○○万円までは、そのお金に税金があまりかから

図31 住宅取得等資金にかかる贈与税非課税枠の限度額

契約年	消費税率8%が適用される場合	
	質の高い住宅	左記以外の住宅(一般住宅)
～2016年	1,500万円	1,000万円
2016年 1月～2017年9月	1,200万円	700万円
2017年10月～2018年9月	1,000万円	500万円
2018年10月～2019年6月	800万円	300万円

契約年	消費税率10%が適用される場合	
	質の高い住宅	左記以外の住宅(一般住宅)
～2015年	―	―
2016年1月～9月	―	―
2016年10月～2017年9月	3,000万円	2,500万円
2017年10月～2018年9月	1,500万円	1,000万円
2018年10月～2019年6月	1,200万円	700万円

※上記の表は、2017年4月から消費税10%になることを前提としたもの。消費税率引き上げが2019年10月に延期されたことに伴い、「契約年」は今後変更されることが予想される
※「質の高い住宅」とは、国の定めた断熱性、耐震等級、高齢者等配慮などの基準を満たした住宅を指す
※「消費税率10%が適用される場合」でも、個人間売買で中古住宅を取得すると、「消費税率8%が適用される場合」と同様の限度額になる
※国土交通省「住宅取得等資金に係る贈与税の非課税措置について」ホームページを基に作成

ないようにしてあげますね」という制度なのです。

たとえば、2015年1月1日から2019年6月30日までの間に、父母や祖父母などから家を手に入れるための援助（=住宅取得等資金）を受けた人がいるとします。その人が、翌年の3月15日までに、その援助されたお金を使って家を建て、その家に確実に住むと見込まれるときには、住宅取得等資金のうち一定金額について贈与税が非課税（非課税の特例）となります。

つまり、「贈与税の非課税枠の拡大」とは、税金がかからない限度額を拡大するということです。

消費税率8%で住宅を購入した人よ

り、消費税率10％で住宅を購入した人のほうが、より多くの税金が控除されるように設定しているのです。消費税率８％と10％、それぞれの場合における非課税の上限金額をまとめたものが図31になります。

ちなみに、図31中の「質の高い住宅」とは、「国の定めた断熱性、耐震等級、高齢者等配慮などの基準を満たす住宅」のことです。

この非課税額を超えた場合、超過した金額から基礎控除として１１０万円が差し引かれます。そして、その残額に税率を掛けて算出されたものが贈与税となります。贈与税の税率と控除額については、図32を参照してください。

また、当初の予定どおり２０１７年４月に消費税率が８％から10％へと引き上げられていれば、２０１６年９月30日までの請負契約なら、完成引き渡しが２０１７年４月１日以降（消費税率10％導入後）となっても、「消費税８％のままでいいですよ」という特例が用意されていました。

再度、図31を見てください。

そうすると問題となるのは、「『質の高い住宅』を購入する予定で、１２００万円以上の援助を受けることができる人は、いったいどうすればいいのか？」という点です。

図32 贈与税の税率と控除額

基礎控除後の課税価格	直系卑属への贈与		一般への贈与	
	税率	控除額	税率	控除額
200万円以下	10%	—	10%	—
300万円以下	15%	10万円	15%	10万円
400万円以下		30万円	20%	25万円
600万円以下	20%	90万円	30%	65万円
1,000万円以下	30%	190万円	40%	125万円
1,500万円以下	40%	265万円	45%	175万円
3,000万円以下	45%	415万円	50%	250万円
3,000万円超	50%	415万円	55%	400万円
4,500万円以下				
4,500万円超	55%	640万円		

※直系卑属は、祖父母や父母などからその年の1月1日において20歳以上の子・孫へ贈与する場合などに適用
※一般は、兄弟間、夫婦間、親から子への贈与で子が未成年の場合などに適用
※国税庁「贈与税の速算表」(2015年)を基に作成

二世帯住宅を建てて両親と一緒に住む場合では、両親から多額の援助を受けることも考えられます。

なお、以降の説明は、2017年4月に消費税10%が導入されていた場合の制度を前提としています。消費税率10%への引き上げが延期されたとはいえ、今後消費税率が10%に引き上げられた際には同様になると考えられます。

ここでは、その消費税率8%と10%のときのシミュレーションを行ってみましょう。

まずは8%から考えてみます。たとえば、「質の高い住宅」を購入するにあたり、両親から1600万円の資金援助を受ける予定のお客様から相談を受けたと

します。皆さんならどう答えますか？

1600万円であれば、1200万円までは非課税ですから、課税対象額は400万円となります。400万円のうち、110万円は基礎控除となるので、課税価格は290万円です。図32を見てください。290万円の場合は、税率が15％、控除額が10万円ですから、贈与税は33・5万円（290万円×0・15％−10万円）となります。

しかし、たとえば2016年10月で契約、2017年4月以降に完成した場合、消費税率は10％ですから、住宅取得均等贈与の非課税枠は3000万円あります。つまり、1600万円贈与を受けても贈与税は0円。

また、消費税率が2％上がると住宅価格（1600万円）の消費税も増えて32万円分負担が大きくなりますが、それを考慮しても増税後のほうが得になります。

これは「一般住宅」の購入でも同様です。消費税率8％と10％で比較した場合、1090万円以上の資金援助を受けるのであれば、消費税10％になってから購入したほうが有利ですよね。**ここに「すまい給付金」を考慮すると、単純に増税前が絶対に得ともいえないわけです。注意が必要ですね。**

「住宅ローン減税」とは？

「住宅ローン減税というのも、消費税率10％後のほうが有利になるって聞きましたが？」という質問も多いので、「住宅ローン減税」についても解説しておきましょう。

「住宅ローン減税」は正式には、「住宅借入金等特別控除」といいます。住宅ローンを借り入れて住宅を購入する場合に、購入した人の金利負担の軽減を図るための制度です。１９７８年から導入され、制度の中身はそのときの景気状態などによって何度も変化してきました。

本書執筆時点（２０１６年９月）での住宅ローン減税の制度は、２０１４年４月から２０１９年６月までの期間を基準としています。図33はその基準のものです。

住宅ローン減税では、毎年末の住宅ローン残高、または住宅の取得対価のうち、いずれか少ないほうの金額の１％が10年間にわたり所得税の額から控除されます（住宅の取得対価の計算においては「すまい給付金」の額は控除されます）。また、所得税からは控除しきれない場合には、住民税からも一部控除されます。

この説明を聞き、図34も見ると、「お金が最大で毎年40万円戻ってくるんだ」思ってしまいそうですね。しかし、それは誤解です。

図33 住宅ローン減税と実施期間

	消費税率5%（〜2014年3月）	消費税率8%（2014年4月〜2017年3月）	消費税率10%（2017年4月1日〜）
住宅ローン減税（一般住宅）	最大控除額 200万円	最大控除額 400万円	
住宅ローン減税（長期優良住宅など）	最大控除額 300万円	最大控除額 500万円	

※2016年9月時点の情報で、2017年4月から消費税率10%が導入されることを前提としたもの。10%延期後の制度は確定していない
※長期優良住宅とは、劣化対策、耐震性、可変性、維持管理・更新の容易性、バリアフリー性、省エネルギー性、耐震性、居住環境、住戸面積など、所管行政庁が定めた一定の基準を満たしている住宅のこと
※国土交通省「すまい給付金」ホームページの公表データを基に作成

図34 住宅ローン減税の拡大

適用期日	〜2014年3月	2014年4月〜2019年6月
最大控除額（10年間合計）	200万円（20万円×10年）	400万円（40万円×10年）
控除率、控除期間	1%、10年間	1%、10年間
住民税からの控除上限額	9.75万円／年（前年課税所得×5%）	13.65万円／年（前年課税所得×7%）
主な要件	①床面積が50m²以上であること ②借入金の償還期間が10年以上であること	

※2014年4月以降でも経過措置により5%の消費税率が適用される場合や消費税が非課税とされている中古住宅の個人間売買などは2014年3月までの措置を適用
※最大控除額は、長期優良住宅などの場合、それぞれ300万円（〜2014年3月）、500万円（2014年4月〜2019年6月）となる
※国土交通省「すまい給付金」ホームページの公表データを基に作成

まず住宅ローン残高の1％が控除の上限になります。これが40万円以上の場合は40万円ということです。住宅ローン残高の1％が40万円を超えるということは、住宅ローン残高が年末に4000万円を超えていることです。住宅ローンの年末残高が2500万円であれば、控除の上限は25万円になります。

次に、住宅ローン減税は払った住宅ローンが戻ってくるという制度ではありません。支払う所得税と住民税の一部が少なくなるという制度です。

つまり、住宅ローンの残高が2500万円で控除対象の金額が25万円あったとしても、所得税を5万円（住民税が約11万円）しか払っていなければ、計算上12万円程度しか税金が安くなりません。

あくまでも支払っている所得税を上限として、そこで控除できない金額だけ住民税の一部から控除するという制度なのです。

東京五輪後や消費増税後のほうが住宅価格は下がる？

ここまで、駆け込み需要緩和策を解説しながら、消費増税前後のどちらで家を購入したほう

図35　新設住宅着工戸数の推移

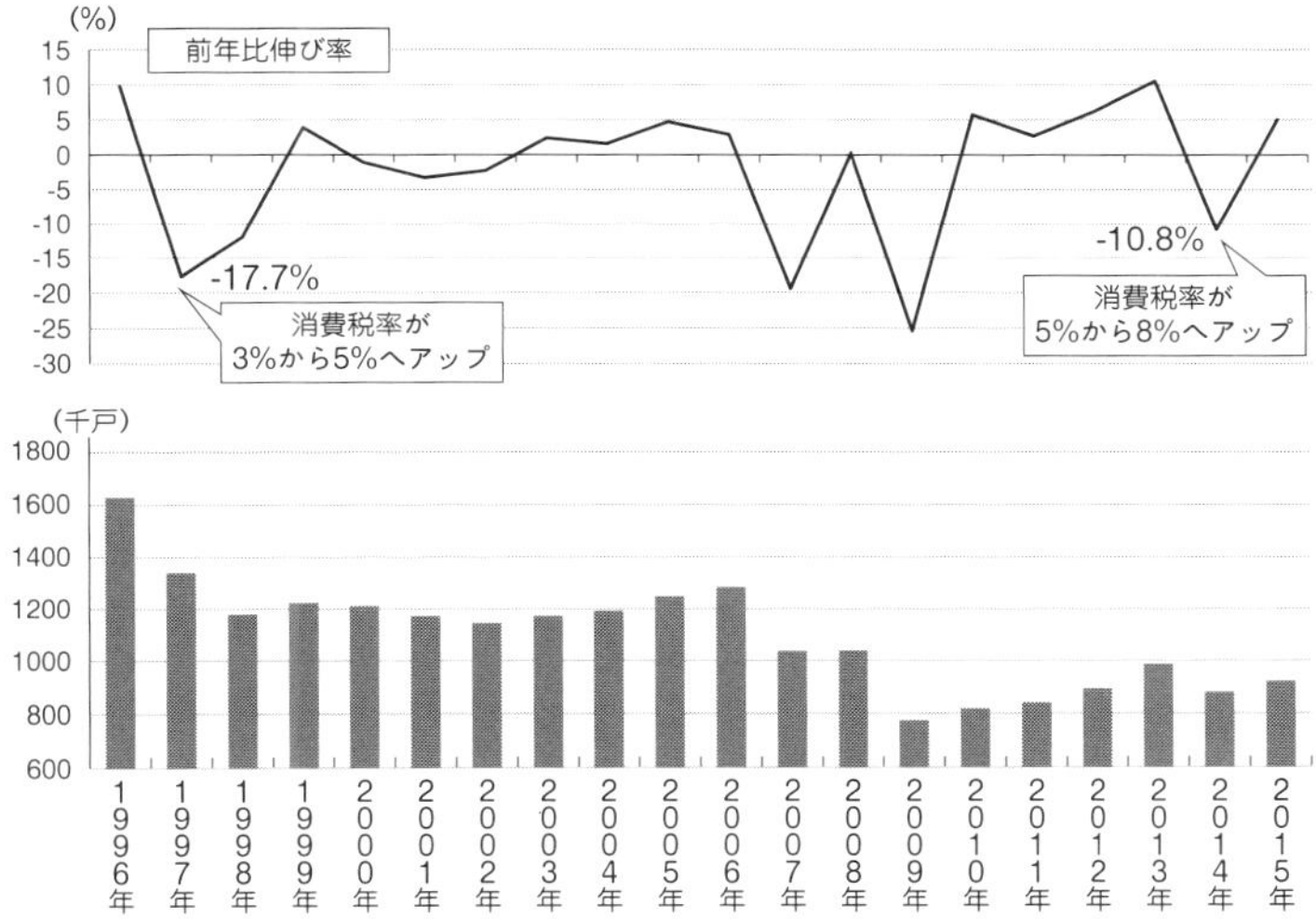

※国土交通省「新設住宅着工戸数の推移」(2015年)を基に作成

がいいのかを見てきました。「すまい給付金」の年収区分や住宅資金の援助有無という条件により、有利・不利がありそうだということはわかったと思います。

次に、「東京五輪後や消費増税後のほうが住宅価格は下がるのではないか？」という疑問を考えていきましょう。

もし、消費増税後のほうが住宅価格は下がるとすれば、それはなぜなのでしょうか？

そう予測する人の根拠は、きっと「需要と供給のバランス」にあるのでしょう。

消費増税前は「消費税が上がるまでに家が欲しい」という人が増え、欲しい人が多ければ当然値下げしなくても家は売れます。もっといえば、駅前などの立地や環境のいいマンション、分譲住宅なら、購入希望者が増えれば値上がりする可能性すらあります。ただし、消費増税後は駆け込み需要の反動で家を買う人が減ります。購入希望者が減れば、家を売る人のほうが立場は弱くなります。「値引きしますから家を買ってください」となり、住宅価格は下がるでしょう。

住宅価格下落を予測している人は、おおよそこういう流れを想像しているのだと思います。たしかに図35のように、消費税率が3％から5％に引き上げられたときには前年比にして17・7％、5％から8％に引き上げられたときには前年比にして10・8％、住宅着工戸数が下落しています。これだけ反動減があれば、さすがに値引きが起こってもよさそうですよね。

でも、どうでしょう？　本当にこんな流れになるでしょうか？

価格が下落するものはたしかにあると思います。その代表例は、売れ残った物件です。消費税率10％引き上げ時に起こる駆け込み需要を見込んで建設したマンションや建売住宅・分譲地。こういった物件がもし増税までに売れなければ住宅販売業者は大変です。

増税後に値引きしてでも売るでしょう。

しかし、住宅販売業者もバカではありません。10％増税後、住宅の販売に反動減がくることぐらいわかっています。ですから、売れ残りが最小限に抑えられるように住宅建設を調整する

はずです。

実際、消費税率10%引き上げ後のマンション建設の着工予定は、引き上げ前の60%ぐらいになるのではないかという業界の予測もあるようです。

もちろん消費増税後にも家を売らなければいけません。しかし売れる数は減ります。そんなときに、これから建設する物件をわざわざ値下げして販売する計画を立てるでしょうか? むしろ付加価値を高めて、価格が高いものを売ろうとするほうが自然です。

つまり、売れ残った物件があればそれは値下がりしますが、よほどのことがないかぎり、そういうもの以外の値下がりは起こりにくいと予測されます。

そうでなくても円安で建築資材が値上がりしています。また、東日本大震災の復興工事・2020年の東京オリンピックに向けての需要で建設業界は人手不足が顕著です。そこに建築作業員の高年齢化も重なり、関東地方を中心に深刻な問題になっています。**そんななかで、簡単に住宅価格が極端に値下がりするとは思えません。**

とはいえ、ものの価格は需要と供給によって決まります。その観点からすれば、東京オリンピック・パラリンピック後には価格が下がる要素はあります。

東京オリンピック・パラリンピックでは、東京都中央区晴海地区に選手村が整備されます。

オリンピック終了後には、その跡地に50階建ての超高層マンション2棟を建設する構想があります。選手村で活用される宿泊施設と合わせ、大会後、計約6000戸が分譲・賃貸マンションとして整備され、約1万人規模の街に生まれ変わる予定です。

これだけの数が一度に供給されれば、当然需要よりも供給が上回る可能性が濃厚なので、東京の住宅価格は値下がりするかもしれません。

また、全国各地で空き家問題が深刻化してきています。住宅購入の人口が減っていることも考えると、家余りの状況になるかもしれません。そうすれば、住宅価格は当然下落します。

このように考えると、東京オリンピックまでは住宅価格はある程度高止まりし、オリンピック後は東京を中心として首都圏の住宅価格は下がるかもしれません。

住宅ローンを組むなら今？

たしかに消費税は家を買うときには決して無視できない重要な条件です。ただし、決定的に購入のタイミングを左右する、唯一無二の要素ともいえないことをいろいろな角度から順番に見てきました。

家の購入は人生で一番大きな買い物となるので、購入を検討している人にとって消費増税はすごく重要に感じられるのでしょう。

しかし、お金の専門家にとっては、消費増税の問題よりも、「住宅ローンの金利」のほうがずっと重要なポイントです。

たとえば、３０００万円の住宅ローンを35年返済で借りたとします。住宅ローンを検討しはじめた時点では金利は１・８％でしたが、ぐずぐずしているうちに２・０％へと上昇してしまいました。月々の返済額は、１・８％の場合であれば「９万６３２７円」、２・０％の場合であれば「９万９３７８円」です。

月に約３０００円の差なので、「まあ、仕方がないか」という程度の痛みかもしれません。

しかし、この３０００円の差が35年間積み重なるとどうなるでしょうか？

細かい計算は省略しますが、先ほどのケースの場合、35年間で返済する総額は、１・８％であれば４０４５万７２９６円、２・０％であれば４１７３万８９６８円です。金利が０・２％違うだけで、約１２８万円も多くお金を払う計算になります。

０・１％の金利上昇で約64万円の返済額増ですから、実は消費増税よりもそのインパクトははるかに大きなものなのです。

ですから、「住宅を購入する一番いいタイミングは?」と尋ねられると、専門家としては「0・1%でも金利が安いうちに住宅ローンを組みなさい」と回答したいというのが本音です。

そう回答すると、「金利が一番安いのはいつ?」と、さらに尋ねられるでしょう。もちろんそんなことは予測できません。

ただし、「どのあたりが『金利の底』なのか?」については、大まかな予測を立てられます。「金利の底」は、きっと〝今〟です。

その理由は大きくふたつあります。

ひとつは、「国債金利の低下」です。住宅ローン金利の決定に大きな影響を及ぼすのが、「長期金利」です。この長期金利の代表的なものとして、「新発10年国債利回り」というものがあります。10年国債の金利が下がれば、住宅ローンの金利も下がるというわけですね。

図36を見てください。この10年国債の金利が、ここ数年極限に近い状態まで低下しています。低下している一番の理由は、日本銀行(日銀)が2013年4月から行っている質的・量的緩和という金融政策にあります。その政策の説明は長くなるので割愛しますが、日銀という日本で唯一の発券銀行が、お金をたくさん印刷して国債(日本の借金)を買いまくっているのです。

国債金利はもちろん需要と供給の関係で決まりますから、たくさん買ってくれる人がいると

図36 日本の「新発10年国債利回り」の推移

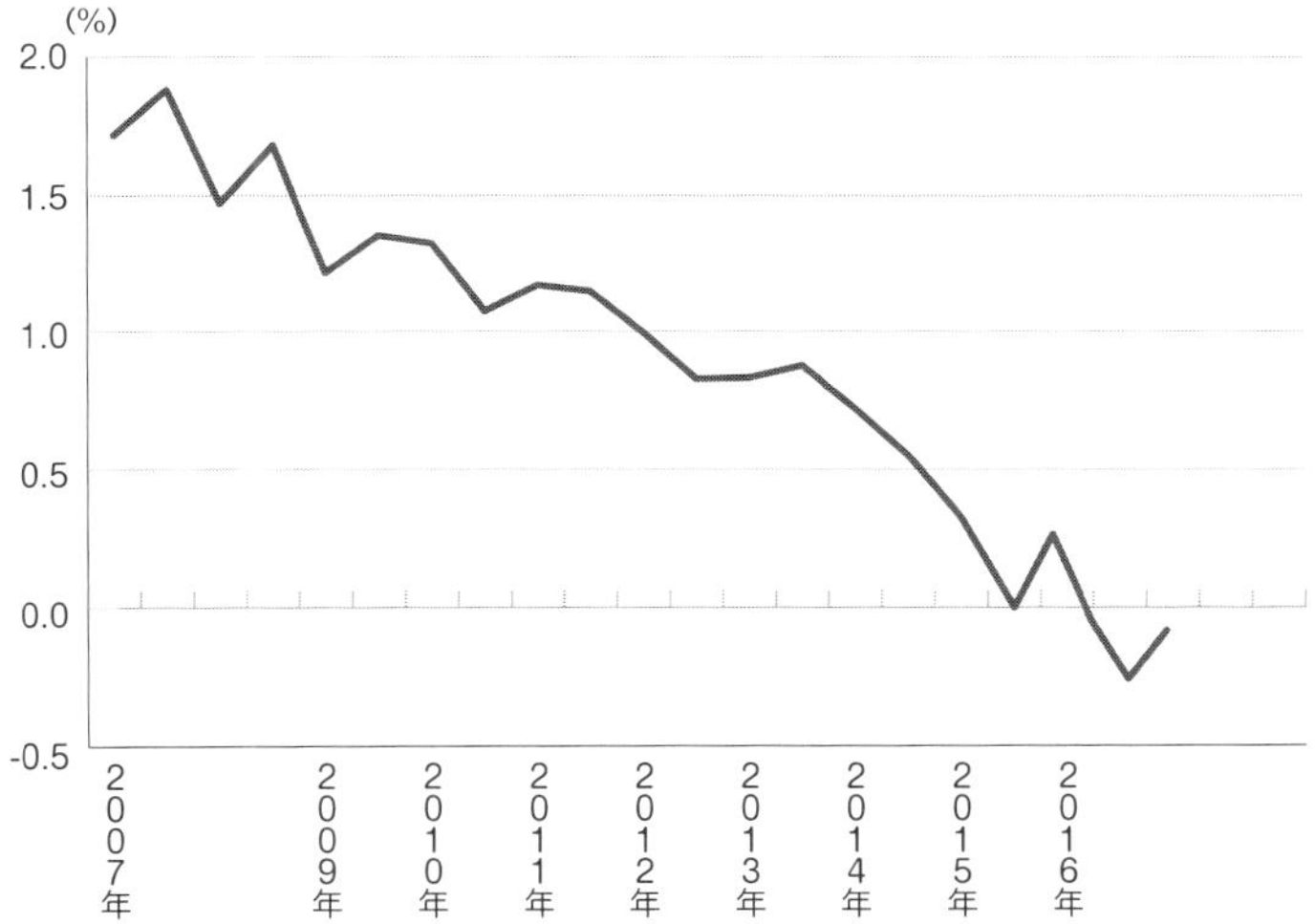

※2007年1月から2016年10月3日まで
※財務省「国債金利情報」を基に作成

金利は低下します。日銀がどのくらい国債を買っているのかといえば年間80兆円。対して日本が発行している国債のうち、新規発行分は40兆円前後。国が新しく発行している額の倍の規模で日銀が国債を買いまくっています。

つまり、新規に発行されている国債だけではなく、過去に発行された銀行などが保有している国債まで購入しているのです。

これはかなり異常な数字です。このペースで日銀が国債を買い進めていくと、２０２０年には発行される国債の大半を日銀が買い入れてしまう計算になるようです。つまり日銀が現在行っている国債の大量購入は、２０２０年までに必

図37 民間金融機関の住宅ローン金利の推移

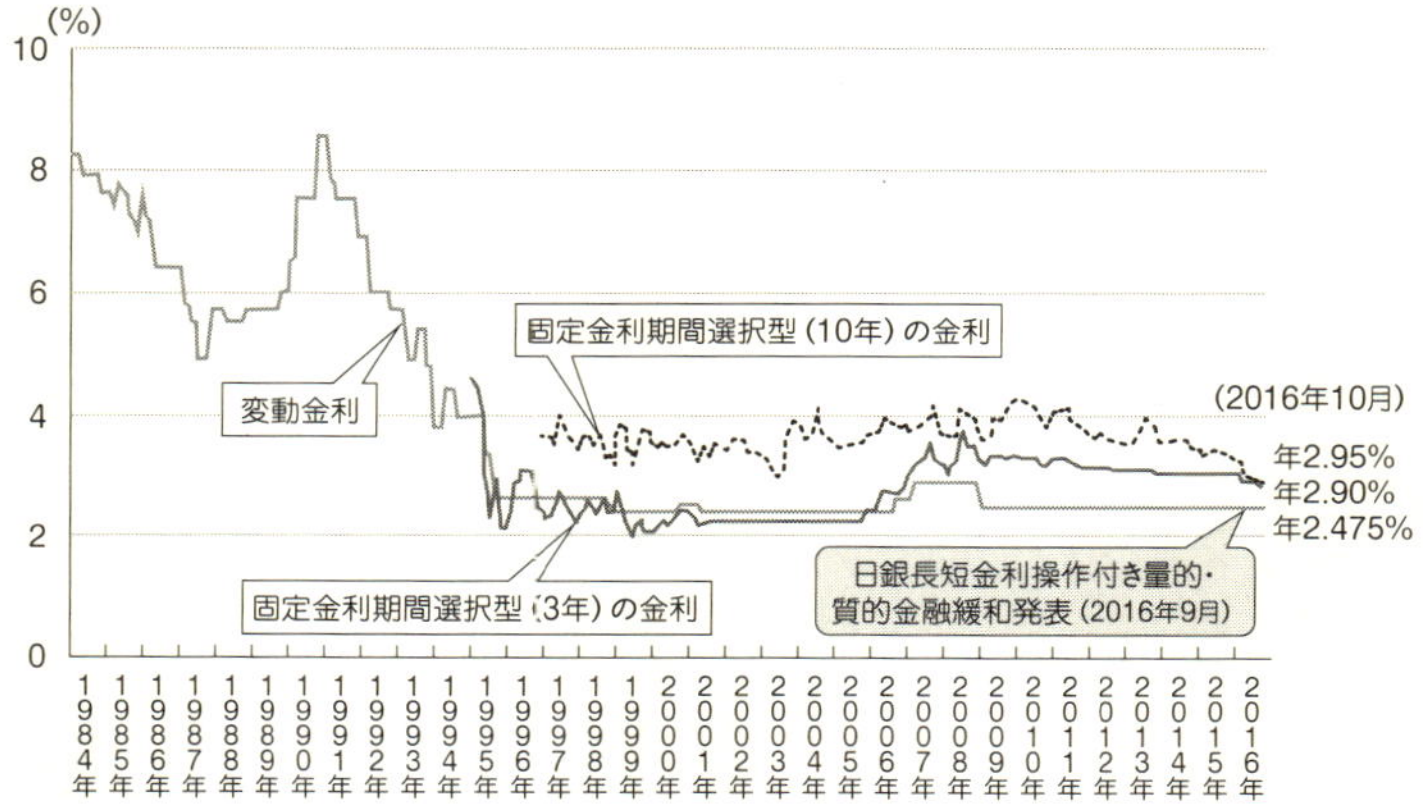

※2016年9月時点の情報
※数値は、主要都市銀行のホームページなどで公表されている金利（中央値）を掲載
※変動金利は1984年以降、固定金利期間選択型（3年）の金利は1997年以降、固定金利期間選択型（10年）の金利は1999年のもの
※住宅金融支援機構のホームページの公表データを基に作成

ず終わるのです。

日銀の国債大量購入が終了すれば、当然金利上昇の可能性が高まります。

もちろん、経済にどのようなことが起こるのかはわからないので、必ずそうなるとは断言できませんが。

そしてもうひとつ、住宅ローン金利の底が〝今〟と予測できる理由は、「優遇金利」の引き下げ幅にあります。

図37は、民間金融機関が融資している住宅ローン金利の平均です。たとえば、「固定金利期間選択型（10年）」の金利を見てください。年2・95％になっていますよね。しかし、2・95％の金利で住宅ローン借りている人はいません。どうし

図38 固定金利(10年)の優遇金利の引き下げ幅

	店頭表示金利	優遇金利の引き下げ幅	優遇金利適用後
2010年1月	4.25%	-1.20%	3.05%
2010年7月	4.15%	-1.20%	2.95%
2011年1月	4.05%	-1.20%	2.85%
2011年7月	3.85%	-1.20%	2.65%
2012年1月	3.65%	-1.40%	2.25%
2012年7月	3.60%	-1.40%	2.20%
2013年1月	3.55%	-1.40%	2.15%
2013年7月	3.90%	-1.40%	2.50%
2014年1月	3.65%	-1.40%	2.25%
2014年7月	3.60%	-1.70%	1.90%
2015年1月	3.35%	-1.70%	1.65%
2015年7月	3.55%	-1.50%	2.05%
2016年1月	3.40%	-2.30%	1.10%
2016年7月	3.05%	-2.50%	0.55%

※各年の半月ごとのデータを掲載
※三菱東京UFJ銀行の過去の金利を基に作成

てでしょうか？

それは、実際はこの金利から引き下げられた金利で借りているからです。これを一般的には「優遇金利」などと呼んでいるのですが、この優遇金利の引き下げ幅が、ここ数年大きくなっているのです(図38参照)。

優遇金利の背景にもいろいろなことがあるのですが、結果的に銀行は自分の利益を削って住宅ローンを貸し付けているということになります。

どうして、利益を削ってまで住宅ローンを貸しているのか？　それはもちろんお客さんを他から奪うためです。利益が薄い分は件数でカバーしないといけません。しかしこれは、住宅ローンを借りたいというお客さんがたくさんいることが前提になります。

消費税率5%から8%への引き上げ後、住宅ローンを借りる人は減りました。8%から10%への引き上げでも同じことが繰り返されると考えられます。

そうなればどうなるでしょうか？　実は銀行もこの住宅ローン金利引き下げ合戦を消費税率10%導入までと考えているフシがあります。

もしもそうなれば、借り手の負担は消費増税の比ではないくらい増えることになります。

「国債金利の上昇」も、「銀行による住宅ローン金利引き下げ幅の縮小」も、あくまでも予測の話です。実際そうなるかどうかはわかりません。

しかし、住宅ローンはこれ以上下がる余地がないことは明白です。ここまで述べたことを参考にして、この状態がいつまで続くのかを予測しつつ、購入時期を検討していきましょう。

住宅ローンの選び方

ここまでは、これから住宅購入を考えている人へ向けた話をしました。ここからは、すでに住宅ローンを組んでいる人にも関係する話をしていきます。

住宅ローンは金利が少し変化しただけでも、金額が大きく変わってしまうことは説明しました。それだけ聞くと、「住宅ローン金利のなるべく安いものを選べばいいわけだ」という勘違いを起こしかねません。

もしかすると、すでにそういう勘違いをして、ローンを組んでしまった人もいるかもしれませんね。

実は、この勘違いが家計に及ぼす影響は計り知れません。

「どういうこと？　さっきまでは金利はなるべく低いほうがいいといっていたのに……」と思っている人もいるでしょう。

住宅ローンには、金利が低いものから金利が高いものまで数多くのプランがあります。

図39に住宅ローンの代表的なプランの例を挙げてみました。金利は2016年のとある月のものです。なお、金利は原則毎月見直されているので、時期によって変動します。

図39のプランでは、金利の最低は0・625％、最高は2・03％とさまざまです。その差だけでも約1・4％。3000万円の住宅ローンで35年返済の場合、月々の返済は、7万9544円から9万9841円と2万円以上違います。

借りる金額は同じ3000万円なのに毎月の返済額が2万円も違う――しかも同じ銀行で同

図39 住宅ローンの代表的なプラン

最初にぐぐっと引き下げプラン

当初固定金利特約期間、固定金利特約型（5年・10年）を選択した場合は年-2.20%

タイプ	店頭金利	融資利率
固定金利特約型5年	年3.20%	年1.00%
固定金利特約型10年	年3.30%	年1.10%

※金利は、保証料外枠方式で表示
※当初の固定金利特約期間経過、「変動金利型」「固定金利特約型（2年・3年・5年・10年）」のいずれを選択した場合も、借入期間中は最後までその選択時点の店頭金利より年-1.40%
※三井住友銀行のホームページの公表データを基に作成

最後までずーっと引き下げプラン

全期間　年-1.5%〜年-1.85%

タイプ	店頭金利	融資利率
変動金利型	年2.475%	年0.625%〜年0.975%
固定金利特約型　2年	年2.85%	年1.00%〜年1.35%
固定金利特約型　3年	年3.00%	年1.15%〜年1.50%
固定金利特約型　5年	年3.20%	年1.35%〜年1.70%
固定金利特約型10年	年3.30%	年1.45%〜年1.80%

※金利は、保証料外枠方式で表示
※保証料内枠方式で借入れる場合、融資利率が年0.2%高くなる
※三井住友銀行のホームページの公表データを基に作成

超長期固定金利型

将来金利が変化しても、借り入れ開始時の金利から変わらない

融資期間	融資利率
10年超〜15年以内	年1.88%
15年超〜20年以内	年2.00%
20年超〜35年以内	年2.03%

※金利は、保証料外枠方式で表示
※三井住友銀行のホームページの公表データを基に作成

じ時期に同じ年数だけ借りるのに……。

いったいどういう基準で選べばいいのでしょうか？

詳しく説明すると、これだけで書籍1冊分になってしまうので、ここでは要点だけを説明します。ポイントは大きくふたつ。

ひとつは「金利の固定期間」、もうひとつは「引き下げ幅のタイプ」です。

まず**「金利の固定期間」**から説明していきましょう。

銀行が、約束した金利をどれだけの期間、保証してくれるのか？

この期間の長さによって金利は異なります。金利を保証する期間が長ければ金利は高くなり、短ければ金利は低くなります。

また、金利というのは、「リスクの評価」です。銀行にとってのリスクが大きければ金利は高くなり、小さければ金利は低くなります。

これを住宅ローンの金利に置き換えるとどうなるでしょう？　「金利が低いもの」＝「金利の保証期間が短い」＝「銀行のリスクが小さい」ということになりますね。逆にいえば、銀行（お金を貸す側）にとってリスクが小さいということは、住宅ローンを借りる側にとってはリスクが大きいということを意味します。

ここで勘違いをしないでください。「リスクが大きい（高い）」＝「損をする」ということではありません。「ハイリスク・ハイリターン」という言葉があるように、リスクを選択することによって、より大きなリターンを得ることもあります。

ですから、住宅ローンを借りるときに金利が低いもの（金利の固定期間が短い）ものは金利が変わる可能性が高く、金利が高いものは（金利の固定期間が長い）ものは金利が変わる可能性が低いと理解しておかないといけないのです。

つまり、金利が低いものを選択するということは、「リスクを銀行に負わせない」＝「リスクのコントロールを自分でする」ということが必要です。要するに、住宅ローンの返済額が途中で増えてもいいように準備をしておかないといけないのです。

しかし、ほとんどの人は、ただ月々の返済額を安くしたいという気持ちだけで、金利の低いものを選びます。

先ほどの例であれば、０・６２５％という金利にどうしても目を奪われがちです。

仮に０・６２５％の金利で毎月７万９５４４円をローン返済していて、家計に余裕がない人がいるとします。金利が上昇して２・03％となり、毎月の返済額が９万９８４１円と２万円も増えたら、その人の生活は途端に苦しくなるでしょう。最悪の場合、生活が破綻しかねません。

低い金利で借りていながら、毎月綱渡り状態で返済を行うのは、とても危険です。

この場合の正しい考え方は、「毎月9万9841円返済というリスクが低いプランではなく、毎月7万9544円返済というリスクが高いプランを選択した。ただし、リスクを負った分、2万円返済額が安くなった。だったらこの2万円は貯蓄しておこう」です。

もちろん、最初から「金利の固定期間」が最も長いものを選択して、リスクを銀行に預けてしまうという考え方でもかまいません。

金利選びは、「金利と保険料を支払って、金利を固定する」、もしくは「保険料を支払わない分、自分でリスクに備える」という選択なのです。

次に**「引き下げ幅のタイプ」**を説明しましょう。

図39に挙げた住宅ローンの代表プラン、「最初にぐぐっと引き下げプラン」と「最後までずーっと引き下げプラン」を例にします。どちらも先ほど説明した「優遇金利」です。

「最初にぐぐっと引き下げプラン」は、最初の固定期間は店頭金利から2・20％引き下げ、残りの返済期間は1・40％引き下げるという内容になっています。「最後までずーっと引き下げプラン」は、条件にもよりますが、最大で1・85％を返済期間の全期間引き下げるという内容です。

元になる金利（店頭金利）はどちらのプランも同じですが、引き下げ幅に違いがあります。

いったいどちらがいいのでしょうか?

どちらのプランにもある「固定金利特約型10年」というタイプで比較してみると理解しやすいと思います。

どちらも最初の10年間の店頭金利は3・30%です。「最初にぐぐっと引き下げプラン」はこの金利から2・20%引き下げるので1・10%、「最後までずーっと引き下げプラン」はこの金利から最大で1・85%引き下げるので1・45%が、それぞれ実質的な金利となります。

詳しい計算は省略しますが、もし住宅ローンを3000万円、35年返済で借りたとすれば、金利が1・10%なら月々返済額は「8万6091円」、金利が1・45%なら「9万1122円」となり、その差は約5000円です。1年で6万円、10年だと60万円ですから、それなりの金額ですね。

この金額だけ見れば「最初にぐぐっと引き下げプラン」のほうが得に感じます。

しかし、これは大きな落とし穴です。

金利の予測はできないので10年後以降の金利はわかりませんが、仮に10年後以降も店頭金利は変わらず3・30%だったとします。

すると、このふたつのプランの金利はどうなるでしょうか?

「最初にぐぐっと引き下げプラン」はその名のとおり、最初は2・20%引き下げですが、10年

図40 住宅ローンプランの比較

固定金利期間特約型（10年）の金利3.30%で、3000万円の住宅を
35年返済で住宅ローンを組んだ場合

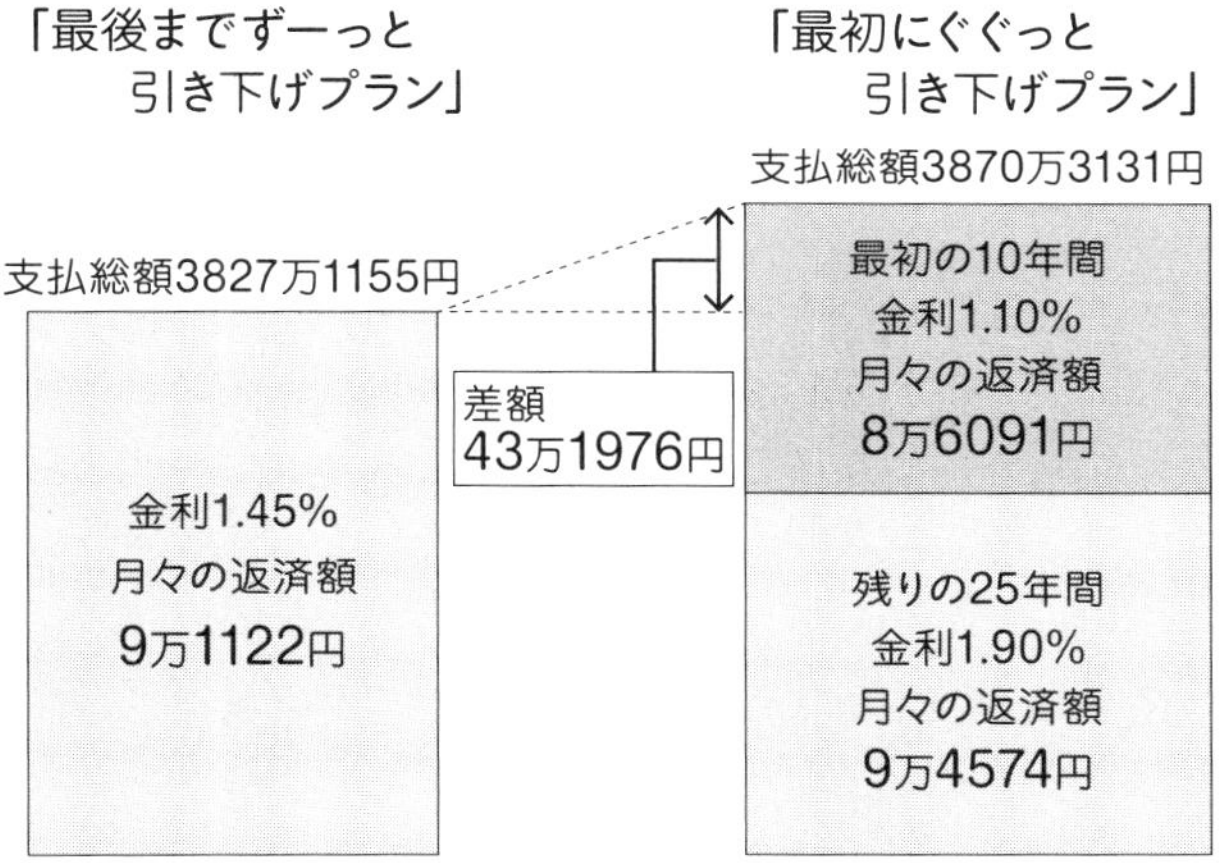

※10年後の金利は変わらず3.30%と仮定して計算

後以降は完済まで、1・40%の引き下げに移行するので、金利は1・90%となります。月々の返済額は「9万4574円」と、約8500円増えます。

「最後までずーっと引き下げプラン」は、1・85%の引き下げで変わりませんから、金利は1・45%で月々の返済額は「9万1122円」のままです。

逆に「最後までずーっと引き下げプラン」のほうが、約3500円も返済額は少なくなるのです。

ここまで説明すればもうわかりますね。**もし完済まで35年かかれば、40万円以上も「最後までずーっと引き下げプラン」のほうが得になるのです。**内訳は図40を見てください。

もちろん繰り上げ返済を行って、予定よりも早く29年後ぐらいまでに完済できれば、支払総額は逆転します。

つまり、重要なのは、返済開始時の月々返済の大小ではなく、何年で完済するのかという計画を前提にして、プランを判断しないといけないということなのです。

金利の上昇だけを考えていてはだめです。社会保険料の増加で手取りが減り、消費増税で生活費の支出が増加する――そういうリスクも考慮して金利選びをしましょう。

すでに住宅ローンを組んでいる人は、自分の住宅ローン金利がどのようなプランで、どのような引き下げ幅のタイプなのかを大至急確認する必要があります。

住宅ローンの「借り換え」と「繰り上げ返済」

住宅ローンの選び方の話は、すでに住宅ローンを組んでいる人にとって、気分が悪いものだったかもしれません。でも、「手遅れだ」と諦める必要はありません。

すでに住宅ローンを組んでいたとしても、住宅ローンをコントロールすることは可能です。

ではどうすればいいのか？　方法はふたつあります。

ひとつが「借り換え」、もうひとつが「繰り上げ返済」です。

「借り換え」はその名のとおり、住宅ローンを借り換えること。簡単にいえば、A銀行からB銀行に住宅ローンを借り換えるということですね（原則として同じ銀行内での借り換えはできません）。

ひと昔前までは「金利が1％以上、返済期間は10年以上、ローン残高が1000万円以上なければ借り換えしても意味がない」なんていわれていました。実際はどうなのでしょうか？

借り換えのポイントは2点です。

1点目は、「借り換えには手数料や諸費用がかかる」ということ。「借り換え」という言葉を使っていますが、もう一度新規で住宅ローンを借りることと扱いは同じなので、借り入れの際の手数料や登記費用などの諸費用が発生します。場合によっては60万円から80万円程度かかることもあるため、この費用を支払ってでもメリットがあるのかを検討しないといけません。

2点目は、「借り換え後の金利と、金利引き下げ幅のタイプを検討する」ということです。

これについては先ほど説明したので大丈夫でしょう。

銀行員には、「借り換えして月々の返済が安くならないと、借り換えるメリットがない」という言い方をする人が多いようです。しかし、そんなことはありません。

図41 「繰り上げ返済」のタイプ

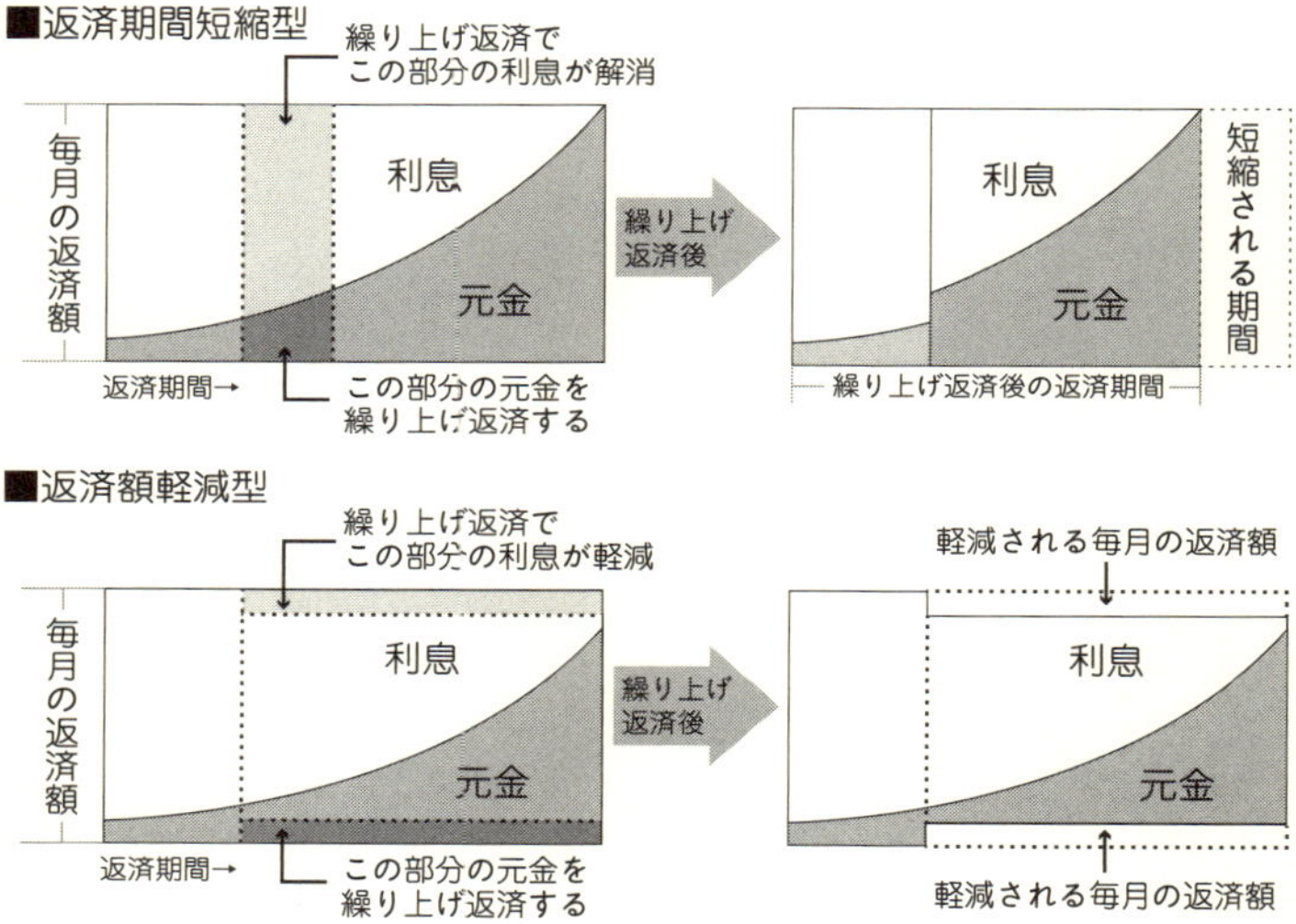

も し、現在の金利や金利引き下げ幅のタイプが、自分たちの意図したものではないのであれば、借り換えをすることでこれを修正して増税に備えるというのは、十分検討すべきことです。

借り換えの次は、「繰り上げ返済」を説明します。

繰り上げ返済のポイントも2点。「繰り上げ方法」と「繰り上げ時期」です。

「繰り上げ方法」には、「返済期間短縮型」「返済額軽減型」があります（図41参照）。

「返済期間短縮型」というのは、繰り上げ返済によって、返済期間を短縮することです。たとえば、住宅ローン（3000万円、金利2％、返済期間35年）を組んでいる人が5年目に100万円程度繰り上げ返済すると、1年6カ月返済期間が短くなります。これにより、81万円ほど支払いを少なくできます。先ほどのケース「返済額軽減型」は繰り上げ返済によって、月々の返済額を少なくすることです。先ほどのケースだと、当初9万9378円だった月々の返済が、繰り上げ返済で5年目から9万5769円と、約3600円軽減されます。結果的には返済総額を約34万円減らせるのです。

この説明だけなら、同じ100万円を繰り上げ返済するのであれば、「返済期間短縮型」のほうが効果的だと思いますよね。しかし、「返済額軽減型」は毎月3600円返済が減るので、その分だけ「返済期間短縮型」よりも貯蓄が可能です。

そういう見方で比較すると、実はそれほど大きな違いはありません。

つまり、単純な損得ではなく、家計の事情に合わせて選択するべきなのです。

そこで重要となるのが、「繰り上げ時期」です。

普通の人なら借金をすると、「1日でも早くなくさないと」という気分になるでしょう。その気分のまま無理をしてでも繰り上げ返済をしてしまう人もたくさんいます。しかし、これには注意が必要です。

金利が4～5％だった30年ほど前は、借りた金額の倍以上の返済をするような時代だったので、「一日でも早く繰り上げ返済をしないと」と思うのは当然でした。しかし、現在はこの低金利です。収入の増加はそれほど見込めないのに増税ばかりが行われ、これから先の経済予測がますます難しくなっています。

そんな先行き不透明な時代を乗り切るためには、家計にある程度の貯蓄が必要です。繰り上げ返済というのは、その貯蓄を取り崩す行為にもなります。

とくに子育て世帯は、教育費がこの先どのくらいかかるのか予測できません。「繰り上げ返済して教育費がない」とならないような計画が必要です。

まず貯蓄額の計画を立てた上で、繰り上げ方法と繰り上げ時期を選択する必要があります。

第5章

失敗しない自動車購入

ハイブリッド車は得？

家計の中身でも説明したように「自動車」との付き合いは、家計のやり繰りに非常に重大な影響を及ぼします。購入時の初期費用だけでなく、ガソリン代や車検代、駐車場などの維持費も当然かかってくるからです。

とくに生活する上で自動車が必須な人にとって、自動車の買い替えは数年に一度必ずやってくる大きなイベントです。ですから、「大きな買い物なのだから、次に買い替えるときには、できるだけ得なハイブリッド車かな？」と考える人も多いのではないでしょうか？

ハイブリッド車の燃費の数字だけを見ると、普通のクルマを買うよりもかなり得な印象を受けます。しかし、本当に「ハイブリッド車はお買い得」なのでしょうか？

家計の点から考えたハイブリッド車の魅力は、なんといっても「燃費」のよさと「税金」の安さです。もちろん、メリットばかりではありません。デメリットもあります。それは「自動車本体の価格が高い」という点です。

では、「購入価格以上のメリットがあるのか？」を検証してみましょう。トヨタの「シエンタ」というクルマを例に比較してみようと思います。ハイブリッドとハイブリッドではない2タイプのグレードがある人気のファミリー車です。

ハイブリッドは、メーカー希望小売価格が税込みで２３２万９８５５円、燃費が27・２km／ℓ。ハイブリッドでないほうは、メーカー希望小売価格が税込みで１９８万３３２７円、燃費が20・２km／ℓです。ハイブリッドとそうではないグレードの金額差はおおよそ35万円、燃費の差は７km／ℓとなります（ハイブリッドでないグレードは「G」という型の車種を参照にしています）。

ただ、この燃費は皆さんもご存知のとおり、あくまでもカタログ値であり、実際はこんな燃費にはなりません。実際の燃費はどうでしょうか？

そこで「e燃費」（http://e-nenpi.com/）というインターネットサイトで調べてみました。このサイトは実際に自動車を購入して乗っているオーナーさんたちが、自分のクルマの燃費を投稿しているサイトです。もちろんそれぞれの乗り方によって燃費は大きく変わりますが、その平均を見れば各車種の実際の燃費として参考にすることができます。なお、日々情報が更新されていくため、平均値なども調べた日にちによって変動する可能性があります。そのため、ここからは、本書執筆時の数値を基に考えてみます。

このサイトでシエンタの実燃費を見てみると、ハイブリッドグレードが「17・51km／ℓ」、ハイブリッドではないグレード（「G」という型）が「13・84km／ℓ」。燃費差は「３・67km／ℓ」

ということがわかります。

レギュラーガソリンの価格が1ℓあたり108円だとすると、ハイブリッドグレードは1kmあたり6・17円、そうでないグレードは1kmあたり7・8円です。1kmあたり1・63円、ハイブリッドグレードのほうが得ということになります。

購入時の差額35万円を1・63円で割ると、21万4724km。つまり、燃費だけを考えると、21万km以上走行して初めて得になる計算になるのです。

どうですか？　1台のクルマを21万km以上も乗りますか？　ほとんどの人は乗っても走行距離10万km前後ではないでしょうか？　**燃費の点では、計算上ハイブリッド車が得だということにはならないのです。**

もちろんハイブリッド車が得とされているのは、「燃費」だけではありません。「税金」面での優遇もあります。次に税金面でどれぐらい得になるのか計算してみましょう。

自動車購入時に発生する税金は？

「ハイブリッド車に買い替えた場合にどれだけ税金が得になるのか？」を計算する前に、自動車を購入・維持するのにどのような税金がどのくらい課せられているのかを見ておかないといけません。

自動車の購入・維持にはさまざまな税金が複雑にかかっています。しかも、本書執筆時点の2016年9月では、2019年10月からの導入が予定されている消費税率10％への引き上げに前後して、この自動車に関する税金の仕組みもさまざまに改正される予定です。全ての税金をトータルに考えておかないと、自動車にかかる本当のコストを計画することができません。

では、まず自動車の購入・維持に関わる税金について整理してみましょう。

自動車関連の税金は大きく分けて3つ。「自動車取得税」、「自動車税・軽自動車税」、そして「自動車重量税」です。

・**自動車取得税**……………三輪以上の特殊自動車を除く、普通自動車、軽自動車、小型自動車を取得したときの価格が50万円を超えた場合、その自動車を取得した人に対して課される税金。

・**自動車税・軽自動車税**……登録された自動車に対し、その自動車の主たる定置場が所在する都道府県（軽自動車税は市町村）において、毎年4月1日時点でその所有者に課される税金。

・**自動車重量税**……………自動車検査証の交付などを受ける人、あるいは車両番号の指定を受ける人が、自動車を新規登録または新規届出したときや、継続検査や構造などの変更検査を受け、車検証または届出済証の交付を受ける際に納付する税金。

つまり、自動車を購入した際には「自動車取得税」が発生し、自動車を維持していくにあたって「自動車税・軽自動車税」と「自動車重量税」が発生するということです。たくさんの税金を支払わなくては、自動車を購入・維持するのは難しいようですね。


この複雑な税金の仕組みをまずは「自動車取得税」から見ていくことにしましょう。

「自動車取得税」とは先ほど簡単に説明したとおり、取得価格が50万円を超える自動車を購入したときにかかる税金です。一般的には自動車を販売する業者が、購入者から徴収して納付する形式を取っているので、購入時の見積書に登場します。自分でわざわざ支払いに行くわけでもなく、しかも購入時にしか登場しない税金ですから、あまり馴染みがないのも無理はありません。

「自動車取得税」の計算式は以下です。


取得価格（1000円未満切り捨て）×税率＝税額（100円未満切り捨て）

消費税と考え方はそれほど変わりませんよね。取得金額に税率をかければいいわけです。

では、その税率はといえば、自家用自動車が原則3%、営業用自動車・軽自動車が2%になります。

かなりの税率ですよね。300万円の自家用普通車だったら9万円です。このような税金が自動車購入時にかかっていると知り、驚いた人もいるのではないでしょうか。

しかし、この「自動車取得税」は、消費増税に合わせてその制度が大きく変わります。消費税が10%に引き上げられた時点で「廃止」されることが決まっているのです。

つまり、単純に考えると、自家用自動車であれば、消費税率が8%から10%に上がる際に2%分が増税されますが、「自動車取得税」の3%分が減税されるということです。

これだけ見れば、あきらかに消費税率が10%に引き上げられたあとに買い替えたほうが得になります。果たして本当でしょうか?

エコカー減税が高いうちに買い替えるべき?

消費税率の10%への増税後、自動車取得税が廃止されます。自動車取得税は、もともと「消費税との二重課税ではないのか?」という非難も多かった税金ですから、必然なのかしれません。しかし、この廃止によって本当に消費増税後のほうが得になるのかというと、そう単純ではありません。

その理由のひとつとして、3%（自家用自動車の場合）の自動車取得税がまともにかかっている自動車はそれほど多くないという点が挙げられます。

それは、「エコカー減税」という制度があるからです。

エコカー減税とは、国土交通省が定める排出ガスと燃費の基準値をクリアした、環境性能に優れたクルマ（エコカー）に対する税金の優遇制度です。

対象となる新車を購入した場合にかかる「自動車取得税」と、新車新規検査の際に納付する「自動車重量税」に適用されます。ハイブリッド車はこのエコカーに含まれます。

それ以外にも、「グリーン化特例」という翌年度の「自動車税・軽自動車」が減税される制度もあります。

なんだか少しわかりにくくなりましたが、**話を自動車取得税に限定すれば、「エコカーであれば、その燃費基準により減税されている」ということになります。**

その基準と減税の割合をまとめたものが図42です。

たとえば、図42にある「60%減税」というのは、自動車取得税の3%（自家用自動車の場合）に対する60%減税なので、自動車取得税は「1・2%」となります。

図42 エコカー減税の基準と割合

		電気自動車、燃料電池自動車、プラグインハイブリッド車、クリーンディーゼル車、天然ガス車	2020年度 燃費基準 燃費基準+20%達成車	2020年度 燃費基準 燃費基準+10%達成車	2020年度 燃費基準 燃費基準達成車	2015年度 燃費基準 燃費基準+20%達成車	2015年度 燃費基準 燃費基準+10%達成車	2015年度 燃費基準 燃費基準+5%達成車
自動車取得税	エコカー減税	免税	免税	80%減税	60%減税	40%減税		20%減税
自動車重量税	エコカー減税	免税	免税	75%減税	50%減税	25%減税		
自動車税	グリーン化特例	75%減税	75%減税		減税なし	50%減税	減税なし	
軽自動車税	グリーン化特例	75%減税	50%減税	25%減税		減税なし		

※電気自動車、燃料電池自動車、プラグインハイブリッド車、クリーンディーゼル車、天然ガス車、2020年度燃費基準+20%達成車は、初回車検時の重量税も免税となる

※2020年度燃費基準達成車が、2015年度燃費基準+20%を達成している場合、自動車税は50%減税される

※国土交通省「自動車関係税制について」(2016年)の公表データを基に作成

図43 自動車取得税の廃止に伴う新税の仕組み

	自動車取得税率(現在) 普通車	自動車取得税率(現在) 軽	新税(2017年4月から) 普通車	新税(2017年4月から) 軽
電気自動車、燃料電池車など2020年度燃費達成基準+20%達成車	非課税	非課税	非課税	非課税
2020年度基準+10%達成車	0.6%	0.4%		
2020年度基準達成車	1.2%	0.8%	1.0%	1.0%
2015年度基準+10%達成車	1.8%	1.2%	2.0%	2.0%
2015年度基準+5%達成車	2.4%	1.6%	3.0%	
上記以下	3.0%	2.0%		

※国土交通省「自動車関係税制について」(2016年)の公表データを基に作成

つまり、消費税が10％に引き上げられたと同時に自動車取得税が廃止になったとしても、このケースでは得にならないという計算になってしまいます。

しかも、自動車取得税の廃止に代わり、各車種の環境性能ごとに課税する新しい税金の導入が決まっているので、結局は自動車購入時になんらかの税金が課税されることになります。

それをまとめたものが図43です。なお、これは２０１７年4月に消費税率10％が導入されることを前提としたものです。ただ、消費税率10％引き上げが延期されたとはいえ、今後実施された際には同様になると考えられます。

図43を見るとわかるように、自動車取得税から新税に切り替わった場合、最大でも０・６％の減税にしかなりません。この部分だけで考えれば、消費増税によって得にはなりません。

それどころか、選ぶ車種によっては、新税のほうが増税になるケースもあるので、消費税とダブルで増税になってしまうのです。

エコカー減税に関しては、「自動車重量税」についても見ていくことにしましょう。

自動車重量税は1年ごとにかかる税金です。しかし毎年支払うのではなく、新しく自動車を購入したとき（新規登録）、または車検時に車検証の有効期間に合わせてまとめて支払います。

自家用乗用車は車両の重さ０・５トンごとに税額が変わります。軽自動車は車両の重さにか

図44 自動車重量税を支払うタイミング

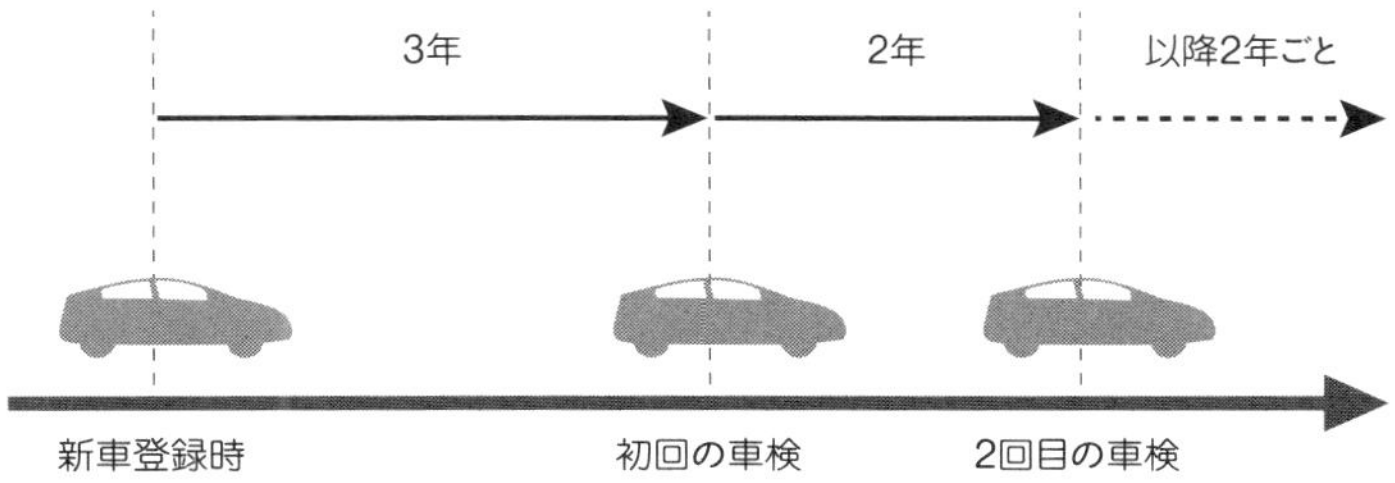

かわらず税額は定額です。また、新車の新規登録から13年以上経過すると税額が上がり、18年以上経過するとさらに税額が上がります。

つまり、自動車の購入時や車検時に、実質その代金の一部として支払っているので、自動車取得税同様、自分で支払っている感覚はあまりありません。

まして、0・5トンごとに年4100円（自家用乗用車の場合）かかるなんていわれてもピンときませんよね。一般的なワンボックスのファミリーカー（5ナンバークラス）で重量が1・5トンから2・0トンの間になります。ということは、4100円×4＝1万6400円が、重量税として毎年かかる計算です。

図45 自動車重量税の税額（自家用乗用車の場合）

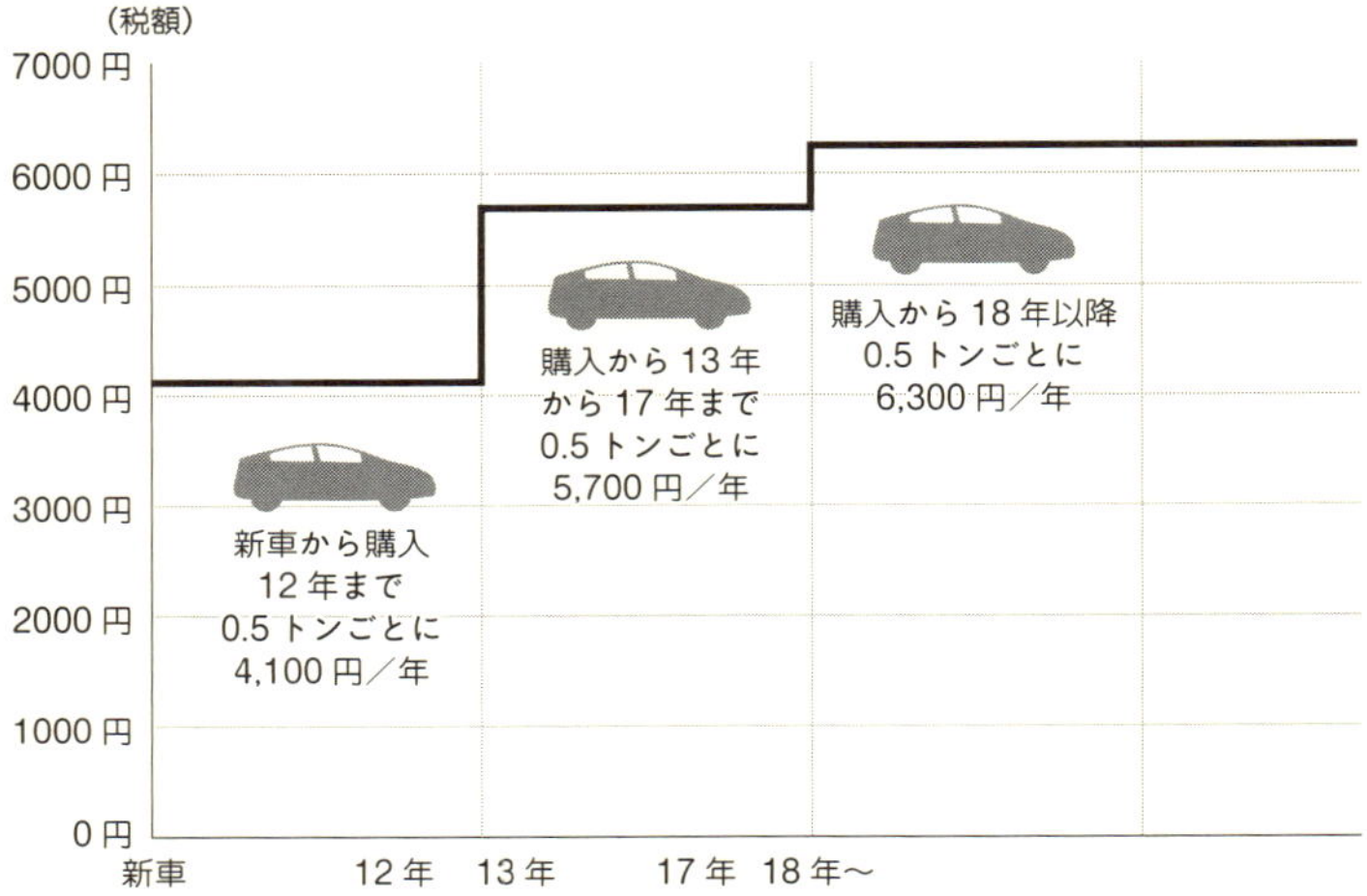

図46 自動車重量税の税額（自家用乗用軽自動車の場合）

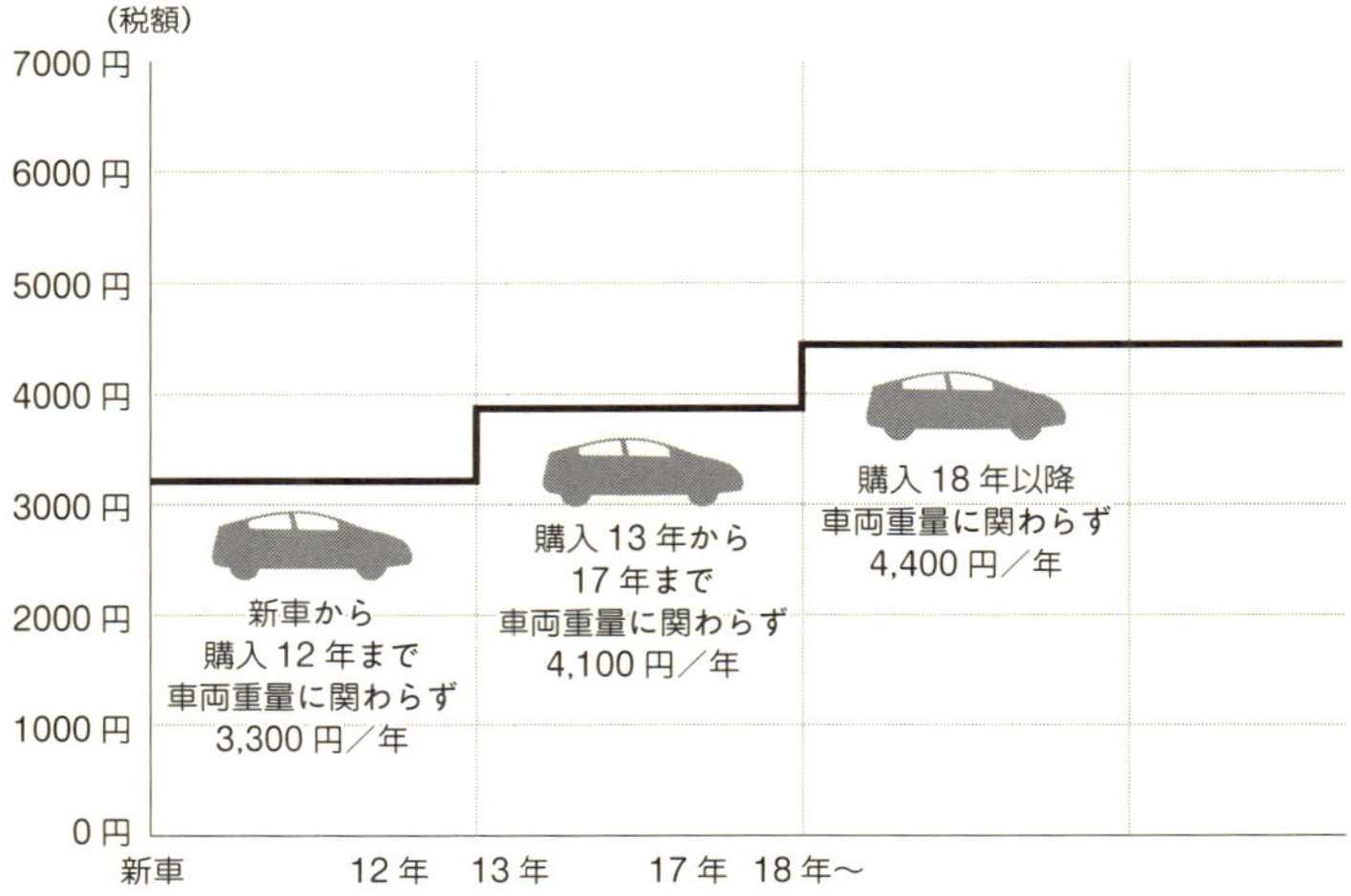

この金額を新車購入時に3年分（4万9200円）、車検時に2年分（3万2800円）を支払うわけですから、かなりの負担になります。

でも、ご安心ください。図42で示したように、**自動車重量税も自動車取得税と同様、一定の燃費基準を達成している車種であればエコカー減税が適用されています。**

最後に「自動車税・軽自動車税」についてお話します。

自動車関連の3つの税金のなかで、皆さんにとってはこれが一番馴染みのある税金ではないでしょうか。何かと物入りである春先に、毎年役所から納付書が送付されてきて、自ら払い込まなければならないので、強く印象に残るかと思います。

この「自動車税・軽自動車税」は、自動車の種別と排気量によって決まっています。自家用乗用車の自動車税の税額は図47のとおり。軽自動車税は一律1万800円です。自動車購入後、毎年納付し、しかも皆さん自身で直接支払っていく税金ですから、それほど説明も必要ありませんね。

先ほど少し触れましたが、この「自動車税・軽自動車税」にも「グリーン化特例」という税金の優遇制度があります。減税率は図42を参照してください。

ただし、この減税率は、新車を購入した場合にかぎり、その翌年度に一度だけ適用されるも

図47 自動車税の税額

	総排気量	税額（エコカー減税適用前）
自家用乗用車	1.0リットル以下	2万9500円
	1.0リットル超　1.5リットル以下	3万4500円
	1.5リットル超　2.0リットル以下	3万9500円
	2.0リットル超　2.5リットル以下	4万5000円
	2.5リットル超　3.0リットル以下	5万1000円
	3.0リットル超　3.5リットル以下	5万8000円
	3.5リットル超　4.0リットル以下	6万6500円
	4.0リットル超　4.5リットル以下	7万6500円
	4.5リットル超　6.0リットル以下	8万8000円
	6.0リットル超	11万1000円

※国土交通省「自動車税一覧」の公表データを基に作成

のです。毎年減税されるわけではないので、勘違いしないようにしましょう。

さて、自動車関連の税金に関して駆け抜けるように見てきました。これらの税金は、２０１９年10月に導入が予定されている消費税率10％への引き上げに合わせて目まぐるしく改正される予定です。

ここまでお付き合いしてくれた皆さんはきっとこう思っていらっしゃるのではないでしょうか？

「ほーら、燃費だけを考えるとそうでもないけど、税金のことを考えるのであれば、やっぱりハイブリッド車を選べばいいわけだね。しかも消費税率が10％になる前に買うべきだ」と。

そうですね。ここまでの説明だけであればそうかもしれません。

しかし、本当にその考え方で正しいのでしょうか？

続・ハイブリッド車は得？

消費税率10％が導入される前にハイブリッド車を購入することが本当に得なのかを検証するため、消費税率10％導入後の自動車に関する税金をシミュレートしてみます。

図42を見てください。ハイブリッド車は、自動車取得税・自動車重量税が免税、自動車税が75％減税となります。

一方、ハイブリッド車の比較対象として、図42中の２０２０年度の「燃費基準達成車＋10％」を例としてみます。エコカー減税の適用は、自動車取得税が80％減税、自動車重量税が75％減税となります。自動車税はハイブリッド車と同じ75％減税です。

これを先ほど例に挙げたトヨタの「シエンタ」で計算してみます。

「シエンタ」のハイブリッドではないグレード（「G」という型の車種を参照）のメーカー希望小売価格は、税込みで１９８万３２７円。同じく重量は１３２０kgです。

ハイブリッドグレードは、自動車取得税・自動車重量税ともに免税なので計算する必要はありません。

【トヨタ シエンタ（ハイブリッドではないグレード）の自動車取得税と自動車重量税】

［自動車取得税］

198万円×0・6％（本来の税率3％を80％減税）＝1万1800円

※価格の1000円未満と税額の100円未満は切り捨て

［自動車重量税］

（新車登録時（3年分）3万6900円＋初回継続車検（2年分）2万4600円）×25％（75％減税）＝1万5375円

「シエンタ」のハイブリッドではないグレードの自動車取得税と自動車重量税の合計は2万7175円でした。

自動車税は、ハイブリッドグレード、ハイブリッドではないグレードのどちらも75％減税な

図48 トヨタシエンタの自動車重量税と自動車重量税

グレード	SIENTA HYBRID G（ハイブリッド車）	SIENTA G（ノーマル）
価格	232万9855円（税込）	198万327円（税込）
自動車取得税	免税（0円）	198万円×0.6%＝1万1800円 ※本来の税率３%を80%減税
自動車重量税	免税（0円）	3万6900円（新車登録時／3年分）＋2万4600円（初回継続／2年分）×25%＝1万5375円 ※本来の税額から75%減税
合計	0円	2万7175円

ので、同じ税額です。つまり、ハイブリッドではないグレードのほうが、２万７１７５円だけ多く税金を支払うことになります。

逆にいうと、ハイブリッドグレードはそうでないグレードと比較しても３万円弱しか税金が安くなりません。

購入金額の差は約35万円だったので、税金として安くなる分の約３万円を考慮すると、差額は約32万円です。

１４３ページで例として挙げたように、ハイブリッドグレードの実燃費は17・51km／ℓ。レギュラーガソリンの価格を１ℓあたり１０８円とすると、ハイブリッドグレードは１kmあたり１・66円かかることになります。これを先ほどの差額32万円で計算してみます。

32万円÷1・66円=19万2771km

19万km以上乗るのであれば、ハイブリッドグレードのほうが得という計算になります。

19万km以上の走行距離というのはかなりのものです。これを考えると、消費税率10%引き上げまでにハイブリッド車を購入したほうがいいといいきれるでしょうか?

もちろん、この計算は簡易的なものです。これが全てではありませんが、一度はこのような考え方を参考にして計算してみることが必要です。

残価設定プランの仕組み

ハイブリッド車の購入は、燃費の面でも、税金の面でも、計算上はそれほど得にならないことがわかりました。

消費税率10%引き上げの導入は、本書執筆時点の2016年9月では2019年10月の予定です。まだ2~3年ほど先になります。今から計画的に貯蓄しておけば焦る必要はありません。とはいえ、家庭によってはさまざまな事情があるので、２０１９年10月までに自動車購入費用を貯蓄できるか不安に思う人も多いでしょう。

自動車購入費用に心許なさを感じている人が、まず検討するのが「残価設定プラン」だと思います。

これは、自動車ショールームを訪れると、かなりの確率で店員から得だとすすめられるものです。では、この「残価設定プラン」とは、どのような内容のもので、本当に得なのかを見てみましょう。

残価設定プランとは、あらかじめ設定した年数、たとえば３年後の車両の下取り価格を差し引いて、残りの金額を３年間の分割払いにするというプランです。

自動車価格の全部を分割払いするのではなく、将来の下取り価格を差し引いて残りを分割払いするので、その分安くなり、得するというのが理屈です。

しかし、この支払い方法にはものすごく注意が必要です。トヨタ自動車のホームページに掲載されている計算例を見てみましょう。なお、わかりやすいように、単位などの表記や細かい表現は本書表記に合わせ、説明の一部を補足・省略しています。

【残価設定型プラン お支払いについての注意事項〝「3年分」の算出例〟】

［現金販売価180万円（消費税込み）の車両を仮定］

〈支払い条件〉

・3年（36回）払い

・ご購入時のお支払い額（頭金）：30万円

・ボーナス月（1月・8月）お支払い額：14万7000円

①初回お支払い額（初回お支払い月は2010年5月）：9580円

②月々のお支払い額（2回目以降）：8600円×28回

③ボーナスお支払い額：14万7000円×6回

④最終回お支払額（36回目）

最終回お支払い後、同じ販売店で

※新車にお乗換えの場合：0円

※クルマをご返却の場合：0円

※クルマをお客様がお買い上げの場合（一括精算でお買い上げする場合）：63万円

→お支払い総額206万2380円（実質年率8・0％）

もうおわかりですね。180万円の自動車を購入するのに支払う金額は206万2380円。つまり26万円以上の利息を支払うわけです。

3年間で26万円の利息。これはかなりの金額ですね。消費税が8％から10％へと2％増税されると180万円は183万6000円になるだけです。差額は3万6000円にすぎません。

現金がないからといって焦って購入するよりも、しっかりと貯蓄して購入したほうがいいのはいうまでもありませんよね。

自動車販売店は、数年に一度買い替えが発生するほうが営業的には助かります。ですから積極的に「残価設定プラン」をすすめてきます。

もちろん3～5年に一度、定期的に新車に乗り換えたいのであれば別です。**そうでなければ、「自動車は現金で購入し、できるかぎり長く乗る」というのが、実は一番家計に優しい購入方法なのです。**

家もクルマも個人間取り引きでは消費税がかからない

消費税関連でいえばもうひとつ、「個人間で売買すれば消費税がかからない」という話をしないわけにはいけません。**実は自動車だけでなく、不動産（住宅やマンション）でさえ、個人から購入した場合は消費税がかかりません。**

その理由は、「税法上そうなっているから」としかいえません。

国税庁のホームページにある税務大学校の「税大講本」の中に、消費税の納税義務者についての記載があります（「消費税法（平成28年度版）」という項の「第4章　第1節　納税義務者」）。以下がその抜粋です。

1　国内取引の納税義務者
国内取引の納税義務者は、国内において課税資産の譲渡等（特定資産の譲渡等に該当するものを除く。）及び特定課税仕入れ（課税仕入れのうち特定仕入れに該当するものをいう。）を行った事業者である。

（1）※省略

（2）この場合の「事業者」とは、「個人事業者」及び「法人」をいい、国、地方公共団体、公共法人、公益法人等、人格のない社団等（以下「国等」という。）も含まれる。また、事業者であれば、国内に住所又は居所を有しているか否かを問わず、いかなる事業者であっても、国内において課税の対象となる取引を行う限り、納税義務者となる。

2　輸入取引の納税義務者

輸入取引の納税義務者は、課税貨物を保税地域から引き取る者である。

国内取引については、事業者のみが納税義務者となるが、輸入取引については、事業者のほか消費者個人が輸入者となる場合も納税義務者となる。これは、消費者個人が直接物品を輸入した際に課税しなければ、国内取引の物品との間に不均衡が生じるからである。

ここでは、国内での取り引きであれば事業者間の取り引き以外は消費税が課せられないけれど、輸入取り引きでは個人での取り引きでも消費税は課せられるといっています。

つまり、国内での取り引きなら、個人間での売買に消費税はかからないということです。

たとえば、オークションなど個人間で売買された場合、その金額の大小にかかわらず消費税はかかりません。金額の大きい中古自動車や中古住宅ですら、それにあてはまるのです。

１００万円の自動車であれば、消費税率８％で８万円、10％になると10万円。１０００万円のマンションであれば、８％で80万円、10％で１００万円もの消費税がかからないのですから、これはかなりなインパクトです。

ひと昔前に比べれば、オークションサイトもずっと身近なものになりました。今では大手の自動車買取業者や不動産紹介サイトでも、個人間の売買ができる仕組みを取り入れはじめています。

中古物件を検討するときには、積極的に利用することを考えてみてもいいのではないでしょうか。

第6章

資産運用はしたほうがいい？

複利のパワー

「大増税時代の家計管理」についての重要ポイントをここまで話してきました。

なんだか地味な話が続きましたね。

「わかっちゃいるけど、やっぱり大きく儲けてみたい」

きっとこれが家計管理の本音ではないでしょうか？

家計を守るほうが本当は重要なのに、人は「簡単にお金を増やすには？」と考えがちです。

カルチャーセンターのお金の講座やマネースクールは、「資産運用」というテーマを掲げると受講者が集まりやすいということも耳にします。これもそういった理由からでしょう。

もちろん、お金を貯める方法のひとつに「資産運用」があるのは事実です。しかし、「資産運用」は簡単ではありません。場合によっては、「住宅ローン選び」よりも大きな失敗につながるので、**「資産運用」の基礎をしっかりと理解した上ではじめなければいけません。**

相対性理論で有名なアインシュタインが、「数学の歴史上、最大の発見は何か？」と聞かれたとき、「それは複利だ」と答えたという逸話があります。

「資産運用」の基礎を理解するには、まずこの「複利の効果」を知っておかないとはじまりません。複利のパワーは、資産運用の基本中の基本です。この効果を味方にすることなく、資産運用を行うことはあり得ません。

複利の反対の用語に「単利」という言葉があります。運用商品の広告に「平均利回り〇〇％」といった言葉を見かけるとしましょう。その場合、皆さんが頭の中で計算する金利はほとんどが「単利」です。「複利」で運用を想像する人はそれほどいないのではないでしょうか？

たとえば、１００万円を毎年５％で7年間運用したとします。

こう聞けば、頭の中で「1年間の利息は5万円だな」という計算はすぐに出てくると思います。しかし、「1年間の利息は5万円だから、7年間で35万円の利息」と計算してしまうと間違いです。この計算方法は単利の計算方法であって複利の計算方法ではありません。

それでは、複利の計算ではどうなるのでしょうか？

1年目は「単利」でも「複利」でも結果は変わりません。１００万円に5％の利息が付くだけですから、１００万円が１０５万円になります。しかし、2年目からは結果が変わります。「複利」は、１０５万円に5％の利息が付く計算になるからです。そうすれば、元利合計は１１０万２５００円。たった２５００円ですが、単利よりも利息が増えます。

しかし、これが7年経つと図49のように5万７１００円もの差が出ます。

図49　100万円を年率5%で運用した場合

	1年目	2年目	3年目	4年目	5年目	6年目	7年目
複利	105万円	110万 2500円	115万 7625円	121万 5506円	127万 6282円	134万 96円	140万 7100円
単利	105万円	110万円	115万円	120万円	125万円	130万円	135万円

※手数料、税金などは考慮しない

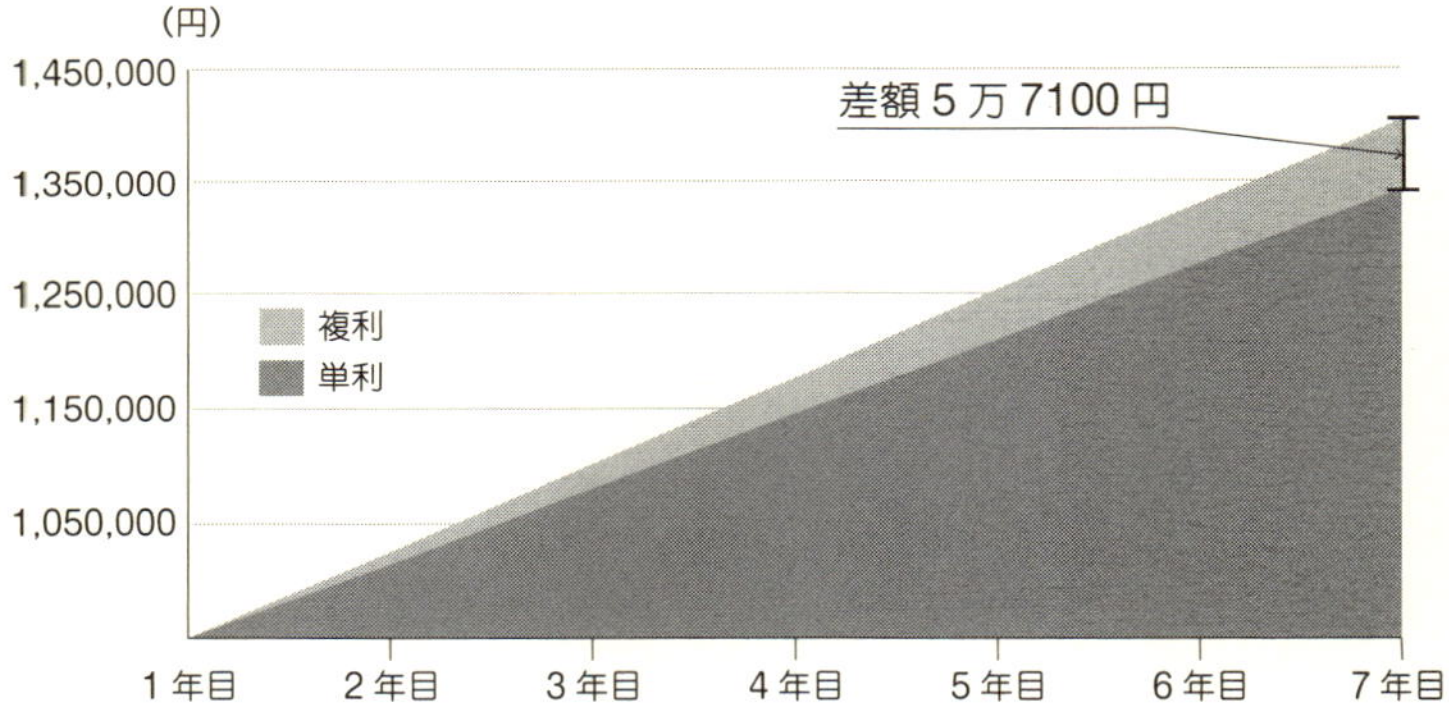

15年後には１０７万８９２８円の利息になりますから、単利との開きは30万円以上になります。

つまり、「１００万円預けて年５万円の利息を毎年引き出して使う」と、効果としては「単利」と変わりません。せっかくの「複利」の効果が全く意味をなさないことになります。

金融機関で販売されている投資信託の商品に、「分配型」というものがあります。配当や隔月配当など、運用成績に応じて、毎月配当金を支払うタイプです。

これだけ聞くと、「なんとなくよさそう」と思う人がいるかもしれません。

しかし、「分配型」は利息にあたる「運

用利回り」を分配する——つまり、「利息は投資に回さず分配しますね」という商品だということになるので、注意してください。

たとえば、２００万円で、毎月分配の投資信託を購入したとしましょう。「配当金が毎月平均して1万円もらえます。利回りにして６％です」と営業マンから説明されました。ものすごくいいですよね。「預金しても1年で数百円にしかならないのに、投資信託に預けるだけで、こんなに配当金がもらえるんだ」とすぐに飛び付いてしまいそうです。

しかし、毎月分配型の投資信託の場合は、いつまで経っても元手は２００万円のままです。増えていくはずがありません。

投資信託の怖ろしさは、２００万円で購入した商品を数年後に手放すと、２００万円では売れない場合があるという点です。

たとえば、２００万円の商品が10年後に１００万円でしか売れず１００万円の損失が出たとします。これは痛手です。でも、10年間毎月分配金を平均１万円でもらっているので、その分の１２０万円は利益です。ですから、元本２００万円と比べて、20万円得をした計算になります（残り１００万円＋分配金１２０万円＝２２０万円）。

しかし、毎月1万円の分配金の1年分（＝12万円）を元本の２００万円と合わせて２１２万円で再投資するほうがずっと得。そうすると、10年後の元手は３５８万１６９５円（元本

200万円を年利6％で10年間）になるからです。先ほどと同じく100万円の損失が出たとしても、残金が約258万円になるので、元本の200万円から58万円以上の得になります。

つまり、分配金をただもらっているだけの場合と、それを再投資する場合では、約40万円（＝58万円－20万円）の差が出ます。再投資とは、もちろん複利での運用を意味します。

これほどに複利のパワーは凄まじいのです。このパワーを利用しないというのは運用ではあり得ません。

資産運用入門①「リスク」とは？

資産運用をするつもりではあれば、まず「リスク」に対する考え方を知らないといけません。**日本人が「リスク」という言葉聞くと、「危ないこと」とイコールに考えてしまいます。もちろんそれでもかまわないのですが、金融の世界では、「リスク」という言葉の意味は少しニュアンスが異なります。**

では、金融の世界での「リスク」とはいったいどういうことを意味するのでしょうか？

資産運用の勉強をはじめると必ず次のような例題が出てきます。

あるりんごの木に投資をしようと考えています。

1年にりんごを最低30個収穫できないと元本割れになってしまいます。

Aという木は、今年50個収穫できました。Bという木は、35個収穫できました。

あなたならどちらの木を買いますか?


これだけ聞けば間違いなく、Aを選びますよね。

しかし、次のような過去5年間の収穫実績を提示されるとどうでしょう?


Aという木は、1年前は15個、2年前は60個、3年前は45個、4年前は5個という収穫でした。一方、Bという木は、5年連続35個収穫しています。


AもBも、平均すると35個です。難しいですね。

では質問を変えます。AとBでは、どちらが「リスク」が大きいでしょうか?

こう聞かれれば、Aのほうが「リスク」は大きそうですね。

そうなのです。**金融の世界でリスクとは「変動が大きいこと」を指します。つまり、ギャン**

ブルにしない資産運用を行うには、「変動」を小さくすることが必要だということになります。

「変動」を少なくして投資するには、大きく分けて3つの方法があります。

資産運用入門② 3つのリスク軽減策

「変動」が少ない投資のひとつは「長期投資」です。つまり、短期の成績に左右されることなく、はじめから長期での運用を目的として投資することです。

図50のグラフの縦軸は収益率（リターン）です。たとえば米国株式で見ると、1年間で50％以上もプラスになるときもあれば、30％以上マイナスになるときもあります。その差は80％以上。まるでジェットコースターですね。

これが、25年間で見ると、10％から4％の範囲で落ち着きます。もちろん、統計を取っているこの25年間の経済環境にも依存しますが、変動率は随分落ち着いていくのがわかります。

そしてもうひとつが、「分散投資」です。まず図51を見てください。

「国内株式」「外国株式」「国内債券」「外国債券」のそれぞれへの投資と、4つの資産に分散

図50 米国と日本の株式における収益率の推移

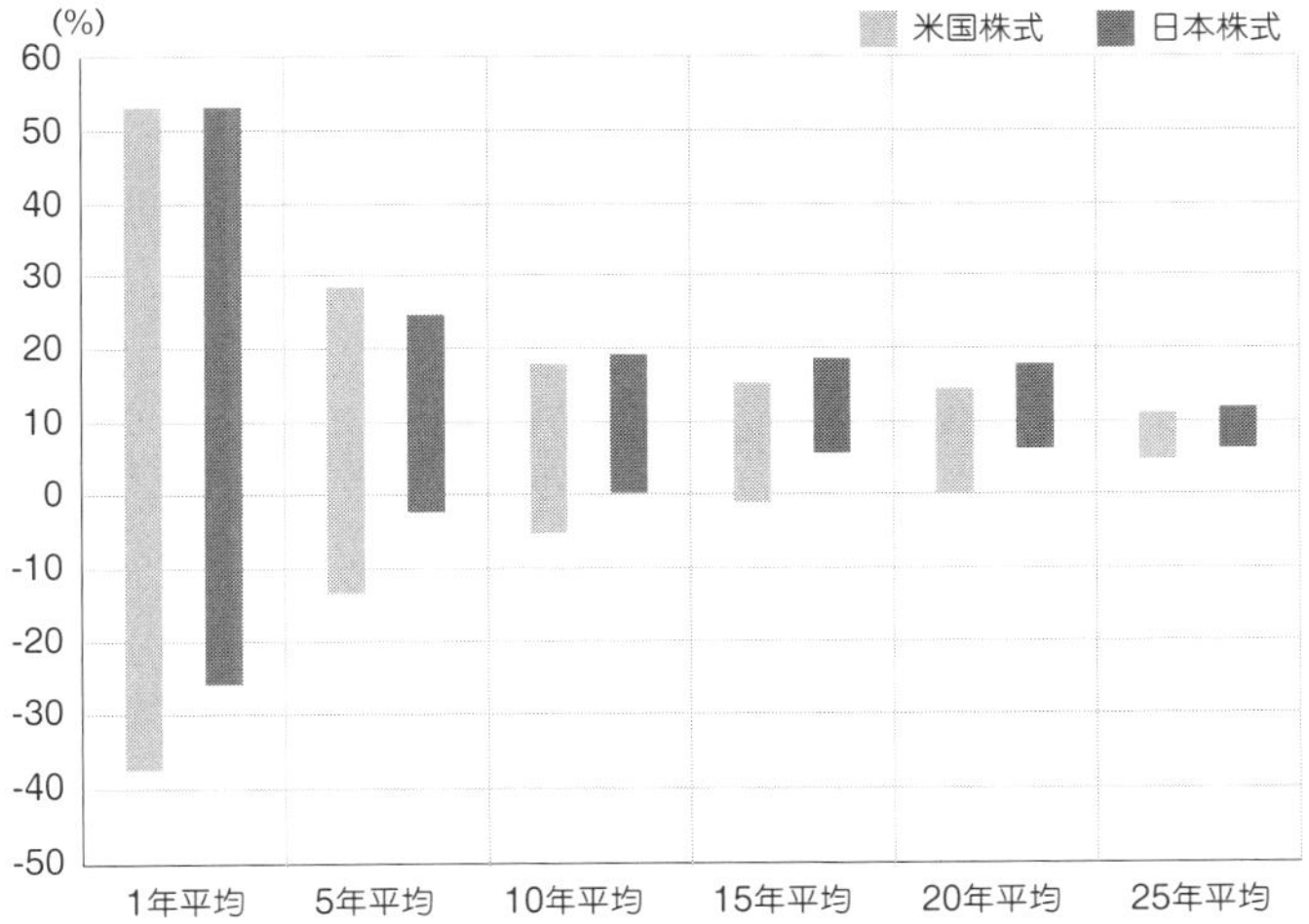

※日本株式は、過去の日経平均株価から計算
※米国株式は、『敗者のゲーム』(チャールズ・エリス著／日本経済新聞社刊)を基に作成

した場合の投資、計5パターンを取り上げています。投資期間は5年間。それぞれリスクとリターンの差が大きいほど、値動きが激しいことを表しています。

つまり、最も値動きが激しいのが「外国株式」でその差はマイナス12・5%。この5パターンの投資では最大でマイナス12・5%になることがわかります。

しかし、**同じ金額を4資産に均等に分散投資するだけで、その差はプラス1・8%。運用環境が悪くてもマイナス運用にはならないのです。**もちろん得られるリターンの平均も下がります。しかし、リスクは格段に小さくできるのです。

そして最後にできるリスク軽減策が

図51 **資産別のリスクとリターン**

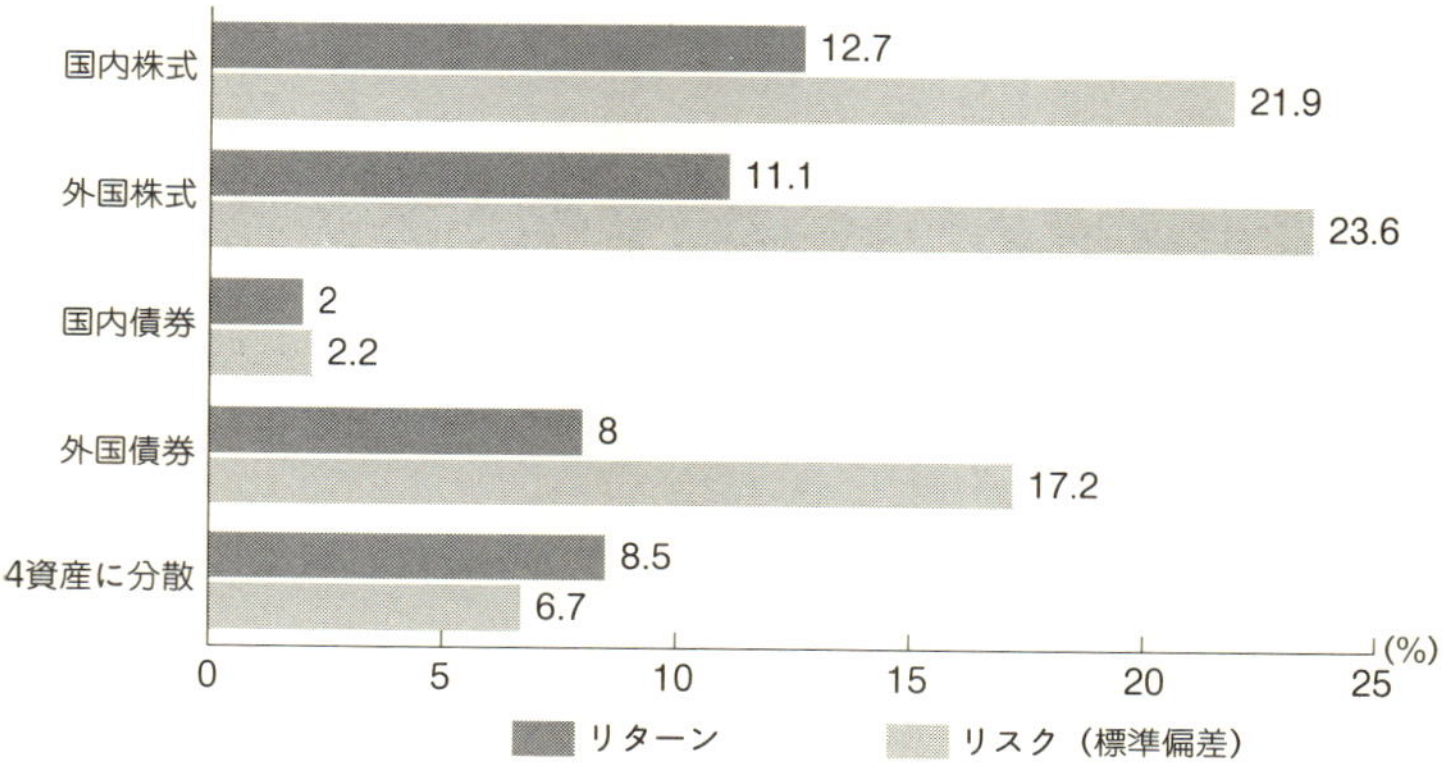

※2000年12月から2005年11月の5年間のリターンと標準偏差
※国内株式は、TOPIX（東証株価指数）、外国株式はモルガンスタンレー・キャピタル・インターナショナル・ワールドインデックス（円ベース）、外国債券はシティグループ世界国債インデックス（円ベース・円ヘッジ）の数値を基に作成
※4資産の分割は、25%の均等分散
※リスクの値はマイナス

「時間分散」です。

有名な投資方法で「ドルコスト平均法」という投資方法があります。

図52を見てください。Aさんは一度に20万円投資し、Bさんは毎月5万円を4カ月間投資しました。その比較です。

もちろん株価が一番安いときに買って、高いときに売れば儲かるのでしょうけれど、**高いときも、低いときも淡々と定期的に買い続けることで、この銘柄の平均価格を買うことになり、価格の変動リスクを抑えられます。**

実はこの3つの投資方法は、いずれも投資のセオリーとして有名で、運用の勉強をしたことがある人ならば誰でも知っているとてもベーシックな内容です。**そ**

図52「ドルコスト平均法」による株式投資

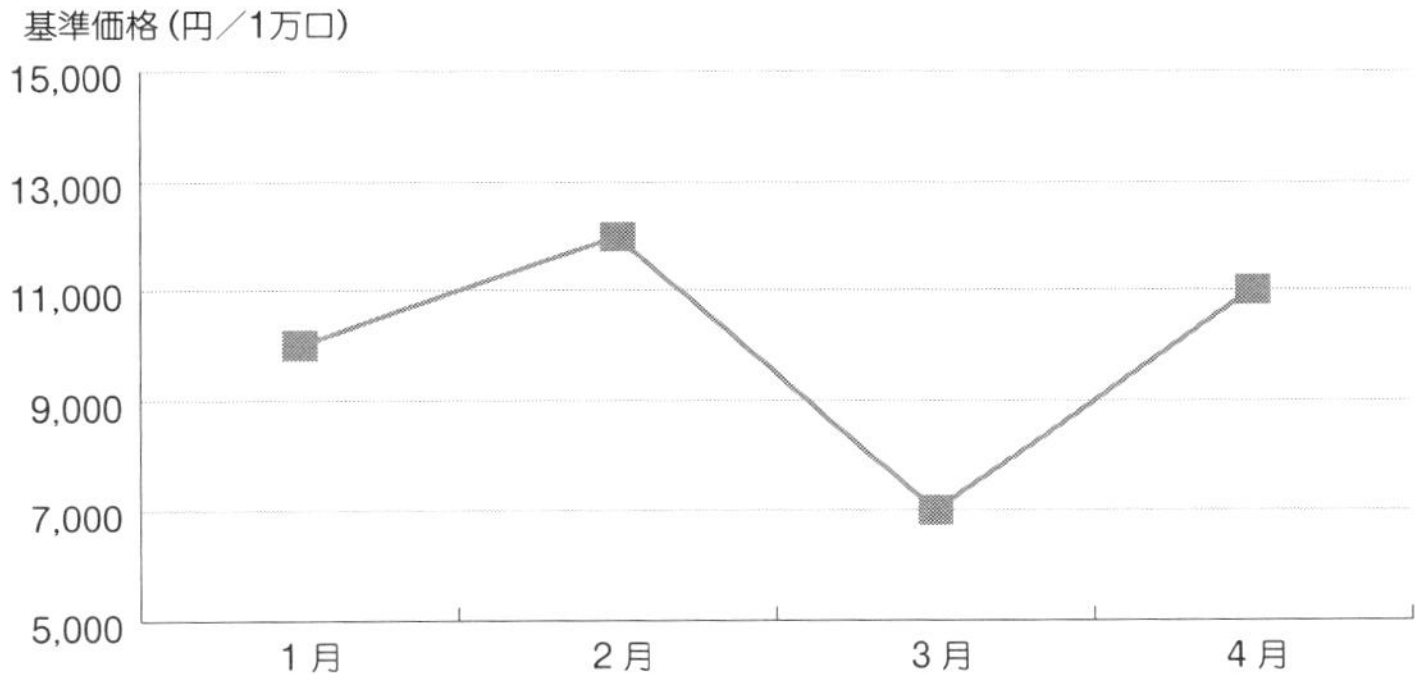

基準価格／1万口	1月 10,000円	2月 12,000円	3月 7,000円	4月 11,000円	総購入金額（総購入口）	1万口当たりの平均購入価格
Aさん	200,000円（200,000口）	—	—	—	200,000円（200,000口）	10,000円
Bさん	50,000円（50,000口）	50,000円（41,667口）	50,000円（71,429口）	50,000円（45,455口）	200,000円（208,551口）	9,590円

して、この投資方法をまとめたものが、「モダンポートフォリオ理論」と「再投資」、「リバランス」なのです。

自分が狙いたいリターンや責任を負えるリスクに応じて、分散投資の割合（ポートフォリオ）を決め、あとはそのポートフォリオどおり、淡々と投資していきます。

もちろん投資していけば利益が出ますから、投資して出た利益（運用益）は再投資しなくてはいけません。そうでないと複利の効果が出ません。しかし、それを繰り返しているうちに、分散している各投資先の運用成績によってポートフォリオが変形していきます。

資産運用入門③「リバランス」

ポートフォリオの変形を再修正するのが「リバランス」です。時間経過とともに各資産の割合が変わってしまったのを、その時々に応じた最適の配分に組み直すのです。

たとえば、預金50％、国内株式40％、投資信託10％という割合だった資産配分が、価格変化によって1年後に預金48％、国内株式20％、投資信託32％になったとします。それを再び50％、40％、10％の割合になるようにそれぞれの資金を移動させることです（図53参照）。

ポートフォリオを決め、ポートフォリオが変形したらリバランスする——これを繰り返して長期的に運用することがリスクのない資産運用だといえます。

ということは、投資したりしなかったり、儲かったときにお金を使ってしまったりということは、結局非効率的な運用なのです。

資産運用を行うなら、毎月コツコツと、長期間投資し続けないといけません。そのためには長期的に運用できるだけのお金とある程度のリスクを許容できる能力、そして少々の値動きで一喜一憂しない強いハートが大事です。

それを身に付けるのは難しいので、「プロのおすすめを購入して運用すればいいのでは?」

図53 リバランスの例

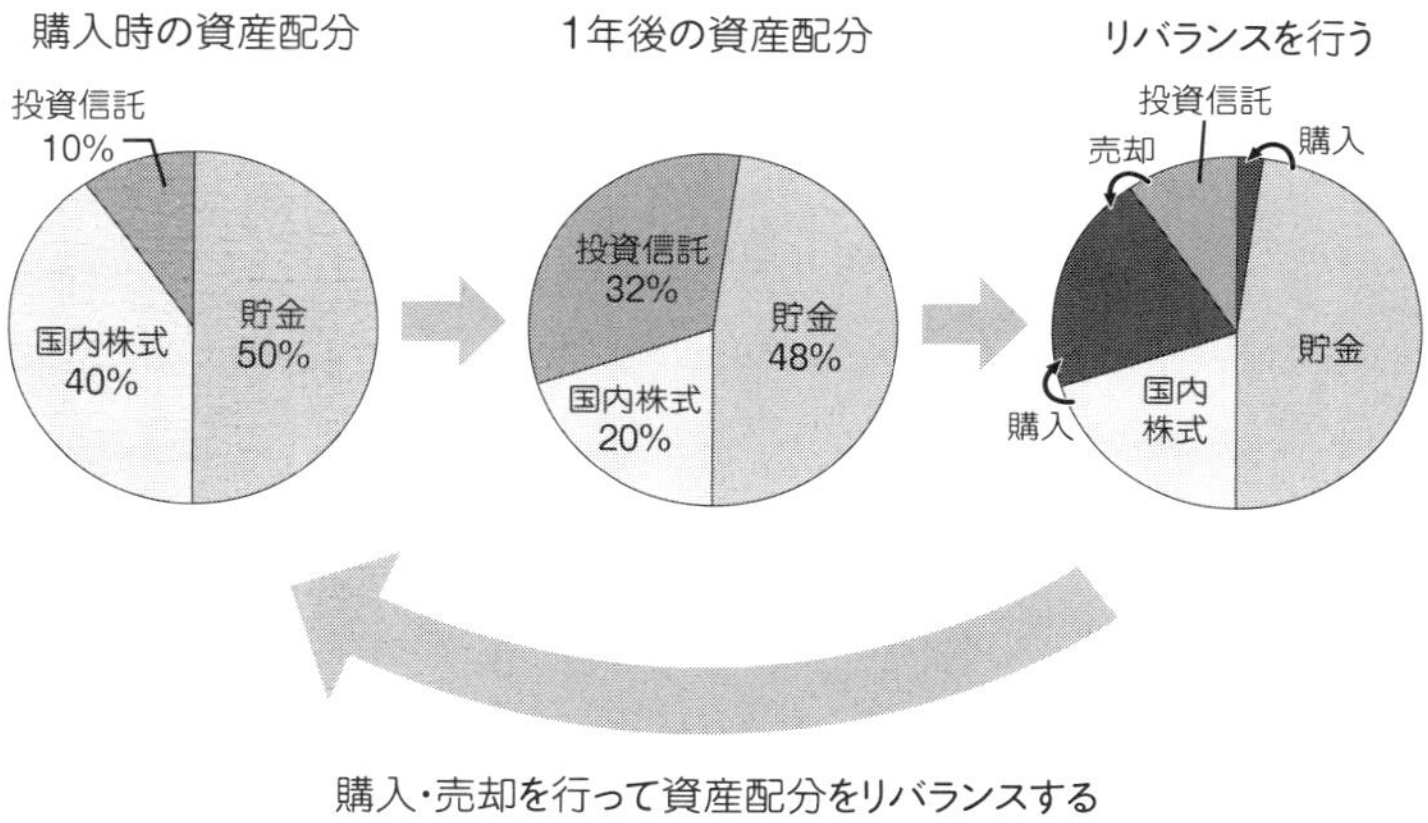

と思っている人もいるでしょう。

残念ながらそれは名案ではありません。投資の世界では「プロが全力で行う資産運用が必ずしも効果が高いとはかぎらない」ということは常識だからです。

株価の動きを説明する「ランダム・ウォーク理論」は、「運用のプロであるファンドマネージャーでも、5年以上継続して利益を出すことはかなり難しい。サルにダーツを投げさせて、選んだ株式銘柄を買い続けても、結果はファンドマネージャーの成績と変わらない」と説明しています。

プロでも5年以上継続して利益を出すことが難しいのなら、素人の私たちがさらに難しいのはいうまでもないですね。

最大の資産運用は節約？

資産運用はそれほど簡単ではないことがおわかりいただけましたか？

プロでも継続して利益を出し続けられない。それが運用です。

ところが、誰もが簡単にできて絶対失敗しない資産運用の方法がひとつだけあります。

1万円を5％の運用利率で毎月積み立てるとします。面倒な計算は省略しますが、40歳から60歳までの20年間、平均5％の運用ができるとすると、約410万円の資産になります。20年間の積立金額は約240万円なので、なんと170万円もの運用利益を生み出しています。

とはいえ、5％の平均利回りを出すポートフォリオを作成すると、かなりのリスクを背負うことになります（運用開始10年で最大損失額31・3万円。モーニングスター金融電卓より）。つまり、並大抵の運用ではないということですよね。

でも冷静に考えてください。170万円を240カ月（20年）で割ると、1カ月あたり約7000円です。20年で170万円の運用利益を出すことと、毎月7000円を節約すること――結果はどちらも同じで、60歳のときに410万円の資産です。

つまり、「節約」は絶対失敗せずに最大の効果を得られる資産運用なのです。

「結局、節約じゃないですか」といわれると、返す言葉もありません。しかし、「ただ我慢をするだけの節約」ではなく、「資産運用としての節約」と考えてみると、少しは楽しく節約できそうではありませんか？

世間では、どうしても簡単にお金を増やすことばかりが話題になります。そんな情報を聞くと、「やっていない私は損している？」と思ってしまいますが、そんなことはありません。

資産運用で一生を通じてお金を増やした人はたしかにいます。でもそういった人のほとんどは、まず「お金を稼ぐ」、そして「お金を守る（節約する）」、最後に「お金を運用する」という順番を守った人ばかりなのです。

さらに運用は時代が味方しないとうまくいきません。この増税時代に本当に運用成果を上げることは昔よりもずっと難しいのです。

低金利時代の運用

ここまでは、「資産運用で失敗したくなければ、基本を知らなくてはならない」という話をしました。

長期間に渡って、投資先も時間も分散していく――これが運用の基本です。

これ以外の投資方法ももちろんありますが、それはギャンブルと同じです。

では、この運用の基本を守っていれば、お金を増やすことができるのでしょうか？

図54は、各国の経済成長率をまとめた表です。

１９９０年に日本の経済成長率は５・６％もありました。世界平均を上回っています。経済成長率＝株式市場全体の収益率ではありませんが、仮にイコールだとして、日本で一部上場されている株式全部に分散投資すると、５・６％の利率を確保できることになります。

ちなみに、２００９年に日本でマイナス６・３％、世界平均でもマイナス０・５％という事態に見舞われます。これはリーマンショックの影響ですね。先ほどの仮定にあてはめれば、このときに日本市場全体に投資していると、マイナス６・３％になってしまうことになります。

この例だけでも、平均で５％の運用利益を出すことがいかに難しいかがわかりますね。世界全体の平均でも５％の利回りを出すのは厳しそうです。５％に近いので、仮に世界全体に分散投資しようと決めたところで、「それが可能なのか？」という問題が残ります。

そして、直近の日本の経済成長率を見ると、２０１５年と２０１６年は、いずれも１％を切るほど低調です（２０１５年は4月時点、２０１６年は予測）。

図54 各国の経済成長率

年	世界平均	先進国	新興国	ユーロ圏	アメリカ	日本	中国	ロシア	ブラジル	インド
1980年	1.8%	0.9%	3.9%	—	-0.3%	3.2%	7.9%	—	9.2%	3.6%
1985年	3.9%	3.9%	4.1%	—	4.1%	6.3%	13.5%	—	7.9%	4.9%
1990年	3.2%	3.1%	3.4%	—	1.9%	5.6%	3.8%	—	-4.2%	5.6%
1995年	3.3%	2.9%	4.0%	—	2.5%	1.9%	10.9%	-4.1%	4.2%	7.4%
2000年	4.8%	4.2%	5.8%	—	4.1%	2.9%	8.4%	10.0%	4.3%	4.4%
2005年	4.6%	2.7%	7.3%	—	3.1%	1.9%	11.3%	6.4%	3.2%	9.2%
2006年	5.2%	3.0%	8.2%	—	2.7%	2.0%	12.7%	8.2%	4.0%	9.7%
2007年	5.4%	2.7%	8.8%	—	1.9%	2.4%	14.2%	8.5%	6.1%	9.9%
2008年	2.9%	0.2%	6.1%	0.6%	0%	-1.2%	9.6%	5.2%	5.2%	6.2%
2009年	-0.5%	-3.4%	2.7%	-4.1%	-2.6%	-6.3%	9.2%	-7.8%	-0.6%	6.8%
2010年	5.0%	3.0%	7.3%	1.9%	2.8%	3.9%	10.3%	4.0%	7.5%	10.4%
2011年	4.4%	2.4%	6.5%	1.5%	2.8%	1.4%	9.6%	4.8%	4.5%	8.2%
2012年	3.5%	1.4%	5.1%	-0.7%	2.8%	1.4%	7.7%	3.4%	1.0%	4.7%
2013年	3.4%	1.4%	5.0%	-0.4%	2.2%	1.6%	7.7%	1.3%	2.7%	6.9%
2014年	3.4%	1.9%	4.6%	0.9%	2.4%	0%	7.3%	0.7%	0.1%	7.2%
2015年	3.1%	1.9%	4.0%	1.7%	2.4%	0.5%	6.9%	-3.7%	-3.8%	7.6%
2016年	3.1%	1.8%	4.1%	1.6%	2.2%	0.3%	6.6%	-1.2%	-3.3%	7.4%

※2016年は、見通し値
※IMF「世界経済見通し」(各年月のバックナンバー)を基に作成

つまり、たとえば1%以上の運用利回りを出そうと思えば、日本の経済成長率を上回るだけの運用を行わないといけないことになります。それが私たちにできるのかといえば、かなり難しいですね。なお、繰り返しになりますが、経済成長率が株式市場全体の収益率だということにはなりません。わかりやすい例として述べただけです。

世界がボーダレスになってどんどんつながることにより、国内株式市場は日本以外の世界の経済の影響を敏感に受けるようになりました。もちろんそれは日本だけではありません。日本の裏側で起こった些細なことが、一瞬にして日本の株価にも影響する――そんな時代です。

ましてや日本も欧州の一部の国と同様に「マイナス金利」が導入されています。

通常であれば、借金をすると「利子（＝金利）」がプラスされ、その分も返済しなければいけません。その考え方でいくと、「マイナス金利」という言葉からは、「借金すると、逆に利子がもらえる？」とイメージするかもしれません。

しかし「マイナス金利」は、そのようなものではありません。

「マイナス金利」というのは、民間の銀行が中央銀行（日本では日本銀行）の当座預金に預けるお金のうち、一定金額を超える部分にマイナスの金利を付けるという金融政策です。

マイナス金利ではお金を預けるほうが金利を支払うことになるので、民間の銀行が日銀にお金を預けると預金が減ることになります。つまり、民間の銀行が日銀にお金を預けると、ペナルティが課されることになるのです。

民間の銀行は預金者からお金を預かります。そのお金を企業などに貸し付けて利子を取り、その一部を利息として預金者に支払います。ところが、日本のこの状況では、お金を貸し付ける先が見当たりません。でも手元にはお金がある。もちろん一部は株や不動産などの資産運用に回しますが、リスクも大きいのでその全てを運用には回せない。そこで「０・１％でも金利が付くのであればいいか」と、今までは日銀の当座預金にお金を預けておいたわけです。

しかし、マイナス金利では、日銀に預金を預けておくと、お金が減ることになります。つまり預金者から集めたお金をどうにかしないといけません。しかも民間の銀行が現金で手元に置いておくと、それもペナルティとすることもルール化されています。

民間の銀行はどこかにお金を動かさないといけません。こういう状況になると、銀行は渋々ながらもその一部を株式市場や不動産市場に流す可能性があります。マイナス金利はこのような動きになることを目的とし、経済の活性化を目指しているのです。

ただし、「お金を動かすためにマイナス金利を導入せざるを得ないほど、悪化している経済状況で、運用するのは危険」と、目減り覚悟で日本銀行にお金を預ける金融機関もあります。

時代は、混沌としています。このような状況で素人の私たちが本当に資産運用できるのでしょうか?

2016年2月9日。史上初めて、日本の長期金利がマイナスになりました。一時はマイナス0.035%までに落ち込みました。手数料を支払って日本の国の借金を引き受けるという状況です。国債を中心とする債券運用は、リスクが少ない投資の代表例です。その安全運用の運用先がマイナスの利回りとなってしまうということを意味します。

つまり、資産運用で利回りを稼ごうと思えば、ある程度リスクのある運用先を選ばなければ

いけない。これが低金利時代の運用です。

反面、ここまで説明したとおり世界経済は混沌としていて「昨日までいいと思っていたものが明日にはどうなるかわからない」という時代です。運用するのであれば、運用に回しているお金がなくなってもいいというくらいの覚悟が必要となります。

とはいえ、時代は大増税時代です。生活費のコストはかさむばかり。

これからの時代、運用に真剣に取り組むのであれば、まずは生活の基盤を盤石にした上で、運用に回せる余裕資金を捻出できるようにするのが先決です。

確定拠出年金は加入すべき？

確定拠出年金とは、公的年金（国民年金保険、厚生年金保険）に上乗せする国の年金制度のひとつで、60歳まで毎月一定額を拠出（積み立て）し、加入者自身が運用・預け入れする商品を決めて老後資金をつくる年金制度です。

将来受け取る年金額は、運用成績によって変動します。拠出する金額が確定していることから「確定拠出年金」と名付けられました。「DC制度」「401k」とも呼ばれています。

少子高齢化で公的年金の給付減は避けられそうもなく、公的年金に上乗せする新たな年金制度が必要だということで、２００１年に導入されました。

この当時、従来の企業年金を運用していた各企業は、金利や株式市場の低迷のため、運用益を出しづらい状況にありました。それでも決まった年金を社員に支払わないといけないので、企業年金の財政は当然悪化していきました。

そういった理由から、導入当初は企業への負担の少ない企業年金制度として、従来の企業年金を確定拠出年金に切り替える企業が多く見られました。そのため、確定拠出年金といえば、「大企業が多く利用している制度」というイメージがある人もいるかもしれません。

事実として、確定拠出年金には「企業型」と「個人型」のふたつのタイプがあるのですが、２０１６年３月末の加入者数は、企業型約５５０万人、個人型は約26万人（国民年金加入者約7万人、厚生年金加入者約19万人）です。個人型の加入者は極端に少なくなっています。

その「確定拠出年金」が２０１７年１月から、これまで加入できなかった公務員や専業主婦なども加入できるよう法律が改正されました。これによって、現役世代なら、原則誰でも年金を自分で運用できる環境が整います。

そうすると、「老後資金の準備に確定拠出年金を利用するべきかどうか？」を知りたくなりますよね。そこで改めて、「確定拠出年金」のメリットとデメリットを見ていきましょう。

まずは、「確定拠出年金とはいったいどのような制度なのか？」からおさらいしてみます。

確定拠出年金とは、その名前のとおり「確定した（＝決まった）」お金を「拠出する（＝出し合う）」年金制度です。つまり「掛け金は自分が決めて、定額で積み立てる年金」ということです。当たり前といえば当たり前ですよね。

実は、この制度の対象として、「確定給付年金」という制度があります。

「確定給付年金」とは、こちらもその名前のとおり「決まった金額のお金が支給される」年金という意味です。この言葉の反対が「確定拠出年金」ということは、言い方を変えれば「確定拠出年金」は「変動給付年金」となります。はじめに述べたように、「受け取ることができる年金額は、運用成績によって変わる」ということです。

運用成績については、自分で責任を取らないといけない。その代わり運用商品は自分で選択することができる。これが「確定拠出年金」の大きな特徴なのです。掛け金の上限金額は、図55のとおりです。

「受け取る金額が変動する」「運用成績は自分の責任」

こういわれると、リスクを怖れて確定拠出年金にデメリットを感じてしまうでしょう。

しかし、確定拠出年金はデメリットばかりではありません。

図55 個人型確定拠出年金の加入者の範囲

2016年12月まで	
加入対象者	拠出限度額
自営業者、学生など 国民年金第1号被保険者	月額6.8万円 （年額81.6万円）
企業型拠出年金に加入していない会社員など 第2号被保険者	月額2.3万円 （年額27.6万円）
2017年1月から対象者が拡大	
企業型拠出年金、企業年金などに加入している 会社員など第2号被保険者	月額2万円 （年額24万円）
公務員など国民年金共済加入者	月額1.2万円 （年額14.4万円）
専業主婦など国民年金第3号保険者	月額2.3万円 （年額27.6万円）

※国民年金基金の公表データを基に作成

なぜなら、確定拠出年金は、運用委託会社を自分で選択しますが、**ほとんどの運用委託会社に「元本保証型」という商品があるからです。**

さらに、**個人型確定拠出年金には「積み立て時」「運用中」「受け取り時」の3つの税優遇というメリットがあります。**

積み立て時の掛け金は、全額が所得控除の対象になります。

たとえば、毎月1万円（年間12万円）を積み立てたとすると、所得税・住民税を合計した税率が20％の人は、2万4000円の節税ができます。また、通常なら金融商品の運用益には税金（源泉分離課税20・31％）がかかりますが、個人型確定拠出年金の運用益は非課税です。税金が取られない分、一般の金融商品より有利ということになります。

最後に、**年金受け取りは通常、雑所得（公的年金等）として課税されますが、確定拠出年金の積み立てが終了して受け取るときは「公的年金等控除」が受けられます。一時金で受け取る場合は退職金として課税されますが、「退職所得控除」が受けられます。**

いずれも、一般の投資信託や株式などの金融商品より、税金面で有利なのです。

収入のない専業主婦は、積み立て時の税優遇は受けられませんが、運用中と受け取り時の税優遇は受けられますね。

メリットの多さがわかったと思います。もちろん注意すべきポイントはいくつもあります。**最も注意すべきポイントは、原則60歳まで解約ができない点。掛けはじめたのはいいが、途中で支払いが大変になったので止めたいということができない制度なのです。**もちろん、掛け金の変更（年1回）や積み立ての停止で対応できますが、その場合でも手数料がかかります。

確定拠出年金は、運用管理してもらう金融機関に手数料を支払う仕組みです。加入者が負担する主な手数料は、初回のみにかかる口座開設手数料（多くの金融機関は2777円。3857円や6017円の金融機関もある）と、毎月の掛け金から差し引かれる口座管理手数料です。

初回のみの開設手数料はいいとしても、管理手数料は毎月のことなので意識する必要があります。口座管理手数料は金融機関で異なり、安くて167円（年額2004円）、高くて642円（年額7704円）、平均すると年額6000円から7000円が多いようです。

「年間7000円程度なら気にしなくても」とは思わないでください。積立金額と税率によって、節税効果が小さくなってしまいます。

たとえば、税率15％の人が掛け金の下限の月額5000円（年額6万円）を積み立てた場合、節税できる金額は年間9000円です。手数料が6000円だとすると、節税できるのは実質3000円になってしまいます。運用商品に投資信託を選ぶと信託報酬手数料もかかってしまうので、さらに節税効果が小さくなります。

節税金額があまりに少ないようなら、確定拠出年金以外の金融商品を運用したほうが有利な場合もあります。

このようなデメリットはあるものの、個人型確定拠出年金は、老後資金をつくる手段として魅力のある制度のひとつです。

「スタート金額」や「支払っていくのが厳しい時期にどうするのか？」を十分検討してください。「確定拠出年金」を頑張りすぎて、クルマのローンや教育ローンの支払いがパンクしてしまっては本末転倒ですからね。

おわりに

混乱？　混沌？　現在の日本の経済はこんな言葉がぴったりです。

為替相場にしても株式相場にしても、激しく上がったり、下がったりと、今まで蓄積してきた経験則では考えられない動き方をします。

もしかしたら、これから先は「今までの経験」が通用しない時代なのかもしれません。

そう考えると少し怖くなります。でも安心してください。「今までの経験」が通用しなくても、この先どうなるのかを「予測」することはできます。

実は経済が下り坂の時代のほうが「予測」するのは簡単なのです。

では、どのような予測ができるのか？

答えは簡単です。

「奇跡は起きない。でも、コツコツ積み重ねれば確実に成果が出る」

経済が拡大するときは、奇跡が起きることがあります。少しの行動の違いで〝おいしい〟思いをする人が現れます。それを見て悔しがることもあるかもしれません。

しかし、経済が下り坂の時代には、そんなことは滅多に起きません。

だからこそ、一発逆転を狙わなくても、コツコツ積み重ねれば確実に成果が出ます。

「コツコツ」は、スタートが早ければ早いほど成果が大きくなります。

「時間」だけは平等です。あとで追い付くことは絶対にできません。

ぜひ「時間」を味方に付けて、少しでも早く「コツコツ」を開始してください。

２０１６年９月　岡崎充輝

岡崎充輝（おかざき・みつき）
岐阜県の揖斐川町商工会で、中小企業の経理指導・経営指導をするかたわら、独学でファイナンシャルプランナー資格を取得。税金から社会保険にいたるまで幅広い知識を駆使しながら、個人家計の顧問ファイナンシャルプランナーを目指し活動中。年間100名以上の家計相談をこなす一方、年間30回以上のセミナー講師も務めている。（株）ヘルプライフオカヤ代表取締役。住まいのFP相談室岐阜大垣店を主催。2級ファイナンシャルプランニング技能士、日本ファイナンシャル・プランナーズ協会認定AFP、住宅ローンアドバイザーなどの資格を有する。著書に『知らないとヤバイお金の話』（彩図社）、『これからかかるお金で困らない本』（日本実業出版社）などがある。

気を抜くと誰もが貧乏になる時代の「お金」の基礎力
2016年11月10日　第1刷発行

定価（本体1,200円＋税）

著者……………… 岡崎充輝
発行人 ………… 塩見正孝
発行所 ………… 三才ブックス
〒101-0041
東京都千代田区神田須田町2-6-5 OS’85ビル
TEL 03-3255-7995
印刷・製本 … 株式会社光邦